AF561955

Réponse d'un vieux démocrate républicain à un jeune démocrate napoléonien.

Qui êtes-vous, monsieur, vous qui, aux dernières élections, avez demandé aux démocrates de Brioude, l'honneur d'être leur représentant au conseil-général de la Haute-Loire, comme si vous étiez un des leurs, si vous y aviez des droits? qui, après un échec que vous seul n'aviez pas prévu, raillez avec tant de goût, de bonne foi, d'à-propos, ceux dont vous n'avez pû obtenir les suffrages, professez, d'une manière si magistrale, des doctrines politiques aussi neuves que hardies, et distribuez prodigalement à tous, les spécifiques infaillibles que vous avez inventés, pour guérir toutes les maladies sociales? Je ne vous connais pas!

Pendant les longues années que j'ai passées sur la terre étrangère, il s'est fait, il est vrai, bien des changements dans l'arrondissement de Brioude comme dans le reste de la France. Il a poussé partout bien des hommes et bien des choses qui ne fleurissaient pas de mon temps.

Les enfants sont devenus grands ; les jeunes gens des hommes ; les vieillards que nous entourions de notre affection, de nos respects, ne sont plus, et sur cette terre révolutionnaire, où la république de Février avait fait éclore, au grand soleil, la liberté, on a vu l'arbre de servitude, planté dans le sang, une sombre nuit d'hiver, répandre, sous ses rameaux vénéneux, une ombre si épaisse, que la clarté du jour en a été voilée, que les germes de la moisson nouvelle ont paru avorter.

Et pourtant, attaché par le cœur, par les souvenirs, par les intérêts, à ce petit coin de terre où je suis né, où vivent les amis, où dorment les ayeux, je ne suis pas resté étranger à ce qui se passait dans mon pays, m'associant, de l'exil, aux joies, aux tristesses, aux regrets, aux espérances de ceux que j'y avais laissés et qui ne m'oubliaient pas : regardant du côté de la France, si cette blanche lueur apparaissant à l'horizon était bien l'aube qui annonce le jour, et si, à l'heure du réveil, il se trouvait dans les rangs de ceux avec qui je suis en communauté de principes, des combattants nouveaux, jeunes, dévoués, qui avaient fait leurs preuves, ou en qui l'on pouvait espérer.

Je n'ai donc rien oublié et j'ai beaucoup appris.

Ainsi, l'arrondissement de Brioude était cité par l'intelligence et l'indépendance de ses habitants, qui, en pleine réaction, n'ont envoyé que des républicains démocrates à l'assemblée législative, ont, après le coup-d'état, payé leur tribut à la transportation, à la prison, à l'exil, et toujours protesté, par l'abstention ou le vote, contre les candidatures officielles. Je viens d'apprendre que vous y avez découvert quinze mille aveugles qui se laissent mener par une sorte de vieux de la Montagne. et douze mille trembleurs obéissant servilement aux ordres d'un don Quichotte de mauvaise foi. Ce dont, entre autres choses, je me souviens, c'est qu'on y comptait plusieurs *Guyots* de familles différentes et pas le plus petit Montpeyroux.

En revanche, j'ai ouï dire qu'à Paris il y avait un *vicomte de Montpeyroux*, très lancé dans ce monde d'oisiveté et de plaisirs faciles. qui mène la vie à grandes guides : un M. *de Montpeyroux*, se vantant d'être attaché au cabinet de M. le *duc de Persigny* et destiné à passer bientôt sous-préfet dans un de nos départements voisins, et un *Guyot-Montpeyroux*, auteur d'une brochure où j'ai vu le *fait accompli* tenu pour le droit; la république déclarée une utopie; la révolution un crime; le coup-d'état de décembre glorifié et appelé le vœu du peuple par anticipation ; Napoléon III proclamé le sauveur de la France et la démocratie faite homme ; les Morny, les Persigny et compagnie, cités comme des modèles de loyauté, d'honneur, de vertu, de génie ; la noblesse personnelle, pour récompense à ceux qui servent bien et que les titres des nobles de l'ancien régime empêchent de dormir, dite une institution bonne et légitime. La création du ministère d'état, des ténors payés pour chanter les louanges du maître, et le décrêt de bon plaisir qui permet aux députés de répondre à l'*adresse*, prônés comme des chefs-d'œuvre constitutionnels, qui doivent faire prendre en pitié le gouvernement parlementaire, avec ses ministres responsables, la liberté de sa tribune, et les prérogatives de son pouvoir législatif; l'alliance avec le Russe, bourreau de la Pologne, préconisée comme le couronnement de la politique extérieure; le partage de la Turquie entre le czar du Midi et celui du Nord, demandé pour cimenter cette alliance et prendre la revanche de Waterloo en battant les Anglais sur le dos des Turcs. — Brochure dans laquelle l'empereur est prié d'accorder, lorsque l'apaisement des partis désarmés et ralliés le permettra, les petites réformes, les petites libertés que tous les prétendants promettent, que les rois donnent quelquefois, quand ils y sont forcés, sauf à les reprendre plus tard, et qui ne sont même pas la menue monnaie de la grande liberté, que la démocratie saura bien reconquérir toute seule. — Brochure, en un mot, résumé ou amalgame des ébouriffantes théories, des transcendantes doctrines qui s'étalent, depuis plus ou moins longtemps, dans les discours du duc de Charamande et les écrits de M. Emile de Girardin, autre grand démocrate,

A la façon de Persigny, votre ami.

Tiendriez-vous, de loin ou de près, à l'un de ces Montpeyroux, vous, M. Léonce Guyot-Montpeyroux, qui vous êtes présenté aux électeurs de Brioude comme *candidat démocratique*, et qui battu, sinon content, venez d'inonder le département de la Haute-Loire de ce joli petit pamphlet, où vous faites de la haute politique, avec accompagnement de calembredaines et de calembourgs du dernier genre? ou bien, faut il croire, ainsi que le bruit en a couru dans *Landernau*, que tous ces Montpeyroux ne sont qu'un Guyot en trois personnes?

Ceci m'importe peu, assurément, car je laisse les gens

qui me sont hostiles, ou même indifférents, parfaitement libres de s'affubler des titres qui leur plaisent, des vêtements qui leur conviennent, de se maquiller le nom, l'habit et même le visage, comme ils l'entendent.

Dans toutes les hypothèses, qu'y a-t-il de commun entre la démocratie et vous qui, impérialiste déclaré, ne voulez même pas de l'égalité dans la servitude? Et comment venez-vous demander un mandat politique, à des citoyens qui, n'étant point convertis à la religion nouvelle par le *St-Remy* de votre calendrier, adorent ce que vous brûlez, brûlent ce que vous adorez. Si, pendant les journées de Février, vous aviez été déjà en âge de vous émanciper, vous vous seriez appelé, je n'en doute pas, le *citoyen* Guyot, et auriez crié à pleins poumons, avec tant d'autres petits et grands personnages de votre connaissance : vive la *république* !

A cette heure que le vent tourne à la démocratie, vous pourriez, rappelant ces souvenirs déjà vieux, vous dire un démocrate de la veille, plus démocrate que ceux qui l'ont toujours été, ainsi que cela s'est fait en 1848, où les prêtres, la bourgeoisie philippiste, l'aristocratie carliste, nos ennemis de toutes couleurs, se prétendaient plus républicains que nous, parce qu'ils bénissaient les arbres de liberté, venaient s'asseoir aux banquets populaires improvisés sur les places publiques, et affichaient les opinions les plus avancées.

Mais vous ne datez que de l'empire; et n'ayant fait votre apprentissage d'homme politique que dans les bureaux ministériels ou dans les salons de votre beau monde, le seul titre que vous ayez à invoquer, pour prouver votre démocratie, c'est précisément un factum anti-démocratique. Et vous vous étonnez qu'on n'accepte pas vos enseignements comme paroles d'évangile; que l'on tourne contre vous les armes données par vos écrits, vos antécédants, pour vous faire battre; que les démocrates refusent de vous choisir pour leur représentant?

En vérité, monsieur, je ne puis pas plus prendre au sérieux vos prétentions que votre polémique; aussi je n'aurais pas répondu, s'il ne se fut agi que de ces choses qui m'intéressent peu : mes amis ni moi n'étant, en aucune façon, atteints par les injures que, pour venger votre amour-propre blessé, vous êtes allé ramasser dans les ruisseaux de la réaction d'avant et d'après le coup-d'état. Si vénimeux, en effet, que vous vous fassiez ou que vous vous croyiez, puisque vous dites qu'on peut mourir de vos égratignures,

Les gens que vous tuez se portent assez bien,

quoi qu'il leur ait plu de se reconnaître dans les portraits de fantaisie que vous en avez faits.

Derrière vous, au-dessus de vous, un des enfants terribles de ce parti, il y a une fraction du bonapartisme qui, entremetteuse du pouvoir dont elle espère, un jour, hériter, travaille, par des moyens divers, à jeter la démocratie dans le lit de l'empire, à accoupler la liberté avec le césarisme. Puisque forcé par vos attaques de rompre le silence, je suis dans un pays d'où l'on peut, sans garantie toutefois du gouvernement, quand on est étranger, dire et faire entendre la vérité, je saisis avec empressement cette occasion de signaler le danger, de montrer le piége, afin que parmi ceux qui sont ou se prétendent démocrates, il n'y ait ni complices ni dupes dans la comédie, jouée après le drame, au profit du napoléonisme, et que des hommes de bonne volonté, de bonne foi, ne mettent pas eux-mêmes, sans le savoir ou sans le vouloir, la main à l'œuvre de la Babel impériale.

« C'est que l'*idée démocratique,* dit Victor Hugo, dans son langage si expressif, subit en ce moment l'épreuve redoutable de la surcharge. La démocratie prouve sa solidité par les absurdités qu'on entasse sur elle sans l'ébranler; il faut qu'elle résiste à tout ce qu'il plaît aux gens de lui mettre dessus; — en ce moment, on essaie de lui faire porter le despotisme. »

La fraction dont je parle a son chef au Palais-Royal, cousin-germain des Tuileries, bien que son rival, et pour principaux organes *la Presse*, *l'Opinion nationale* et tous les journaux chauvins, qui jouent le même motif sur des airs variés, au goût de leurs abonnés.

Voulant cumuler, à la fois, les honneurs et les richesses, le pouvoir et la popularité, elle a inventé des doctrines pseudo-libérales, pseudo-démocratiques, qui permettent à ses adhérents de se mêler à tous et de tout brouiller, à ses meneurs de se poser en grands patriotes, en défenseurs ardents de l'indépendance des nations, et de n'être hostiles ni aux annexeurs ni aux annexions; d'être des foudres d'opposition et de puiser à pleines mains dans les coffres de l'Etat; de briguer les suffrages des démocrates et d'obtenir les faveurs de la cour. *Démocratie*, voilà son mot d'ordre, *nationalités*, son cheval de bataille; *faits accomplis*, sa morale politique; anéantissement des partis, son moyen; le succès, son dieu; le pouvoir avec toutes ses jouissances, son but. Pour y arriver, troublant toutes les notions du juste et de l'injuste, faisant de la nuit, le jour; de la servitude du peuple, sa souveraineté; du despotisme enté sur le suffrage universel, la meilleure des démocraties, ce parti vante et offre à tout propos, comme remède à tous maux, comme panacée universelle, quand on n'a même pas le strict nécessaire, la *liberté illimitée* dont les faibles ne peuvent user, et qui sert de prétexte aux puissants, aux forts, pour détruire la religion du devoir et briser le lien social sans lequel tout peuple devient foule.

Il prêche, à ses heures, un socialisme bâtard, hypocrite, menteur, napoléonien, pour tout dire, qui tend à diviser au lieu d'unir, à exalter les mauvaises passions, sans donner satisfaction aux besoins légitimes; à créer, par l'anarchie des intérêts, une nouvelle féodalité, la féodalité financière, et à courber toutes les classes de la société sous le niveau, non de l'égalité, mais de la servitude.

Il proclame audacieusement que le césarisme moderne est la réalisation des principes de 89, et fait de tous ces principes litière au césarisme; et pour rompre la tradition qui lie les hommes de 1848 à ceux de la grande révolution, autant que pour mieux asservir le peuple, en lui enlevant, après les fusillades, la guillotine sèche de Cayenne, les tortures de Lambessa, la mort lente des prisons, les misères de l'exil, des combattants qui n'ont pas désarmé, il travaille à persuader à la démocratie que ses vétérans, ceux qu'elle a vus à l'œuvre dans les grandes journées de nos dernières révolutions, doivent être laissés à l'écart, oubliés, mis, tout au plus, aux invalides de la politique. Qu'elle doit prendre pour guides, pour chefs, des hommes *nouveaux*, les *jeunes*, appelés au commandement par leurs actes..... de naissance, et seuls capables..... parce qu'ils n'ont rien fait, de donner à la France gloire, bien-être, liberté.

Certes l'avenir, je le sais, est à la démocratie, à la jeunesse, mais à la vraie démocratie, dans les rangs de laquelle il y a place pour tous les hommes de cœur, de foi, de principes, quels que soient leur âge, leur condition, leur nom ; mais à la jeunesse ardente, vigoureuse, forte, qui, sans défaillance, sans se laisser détourner du but, par les lâchetés ou les corruptions du présent, marche avec persévérance, courage, d'un pas ferme, dans la voie du progrès que barrent encore sceptres de rois et d'empereurs, goupillons de prêtres, canons de soldats, sabres de gendarmes, les derniers remparts du passé, sur lesquels il faut passer. — Il y a, en effet, des faux jeunes dans tous les partis, comme il y a des faux démocrates de tout âge, de tout rang.

Cette jeunesse tapageuse, présomptueuse, oisive, avide de plaisirs faciles, de distinctions, de richesses; usée par la débauche et rongée par l'envie, qui jette follement, au vent du jeu et de l'orgie, son patrimoine avec celui des autres, veut, par vanité, autant que pour retrouver la fortune, faire son chemin, n'importe comment, arriver à tout ; et, alors qu'elle ne sait pas se gouverner elle-même, aspire à régenter le monde. Cette jeunesse sans croyances, sans principes, sans idéal, faisant du rationalisme lorsque le clérical est en baisse, de la dévotion lorsque *sa majesté* va à confesse; de l'opposition plus ou moins dynastique, pour enfoncer les portes du pouvoir, lorsque celles-ci ne s'ouvrent pas assez vite devant elle ou sont trop bien gardées par les serviteurs en titres, leurs *vieux de la vieille*, qui toujours en faction et en fonction, meurent et ne se rendent pas. Démagogue, s'il le faut, aux jours des orages populaires, des sombres tourmentes, pour faire oublier ses opinions de la veille, ses antécédents ou ses désordres, déshonorer le parti qu'elle embrasse pour l'étouffer; ou, si le courant vient à changer, se faire acheter plus cher; elle est décrépite avant le temps et appartient à l'armée du passé: qu'elle y reste!

Vainement, ses coryphées, ses écrivains, ses orateurs, se disent des *hommes nouveaux* : la France les connaît depuis longtemps! Eux, des hommes *nouveaux?* parce qu'ils n'ont jamais affirmé par des actes leur foi démocratique, jamais combattu les combats de la liberté et n'ont pas donné un seul jour de leur vie à la chose publique! Parce que, pour être de *leur temps*, ils tournent à tout vent; secouent et méprisent, comme des préjugés, la fidélité aux principes et les traditions de parti; crient malheur aux vaincus, et font cortège aux vainqueurs, ou saluent les soleils levants; adorent l'idole du moment, qu'elle soit d'or ou d'argile; affichent l'opinion qui a la vogue dans les salons ou promet la popularité dans la foule, ne s'occupent que de leurs plaisirs ou de leurs intérêts, paradent sur les boulevards, mis à la mode du jour, ou se font remarquer dans les carrefours par l'excentricité de leur costume et de leur langage, parce qu'ils s'appèlent des *gandins*, des néo-démocrates, que sais-je! Allons-donc! ils étaient au milieu des décembraillards du prince-président, des verdets de 1815, des muscadins de madame Tullien, et ils faisaient partie de la jeunesse dorée de Fréron le sanglant thermidorien, ce sont les fonctionnaires en herbe de tous les régimes qui en seront servis et trahis tour-à-tour.

Les vrais *jeunes*, ce sont ceux qui, dans les écoles, à l'atelier, dans la pépinière de travaux indépendants où la moralité, l'intelligence, l'instruction donnent seuls accès et avancement, se préparent par le travail et l'étude, à la rude pratique de la vie, se passionnent, au milieu des plaisirs et des occupations de leur âge, pour le bien. le beau, le vrai, l'utile, pour toutes les idées généreuses, toutes les causes justes; se rangent en tout temps. lorsqu'ils en trouvent l'occasion, du côté de la liberté contre le despotisme, du droit contre la force, des opprimés contre les oppresseurs; mettent, ne voulant être ni des sectaires, ni les courtisans du peuple, le devoir avant le succès, la fermeté d'opinion, la force de caractère, la vigueur de la peusée, avant les violences de parole et les exagérations de doctrine, qui compromettent plus leur cause qu'eux-mêmes; les principes avant les hommes, quels qu'ils soient, sans être ni injustes ni ingrats envers les hommes, morts ou vivants, qui ont combattu pour les principes. et, suivant les temps, les lieux. les circonstances, servi les révolutions. ce qu'attestent autant que leurs actes, si difficiles à juger à distance des évènements, les haines, les calomnies. les persécutions dont tous les partis réactionnaires, solidaires, eux. les uns des autres. les poursuivent en tout pays, en tous temps, et jusque dans l'histoire. Ceux-là, tout nouveaux venus qu'ils soient dans l'armée populaire, sont connus et aimés de la démocratie qui est prête à leur remettre son drapeau rougi par le sang de ses martyrs; et les générations qui ont porté le poids de la lutte sous quatre règnes, qui ont été décimées par la bataille, la proscription, le temps et restent debout jusqu'à ce qu'elles tombent, ne refuseront pas le poste d'honneur à ces vaillants qui viennent combattre avec elles.

Dès à présent, ce que la démocratie est en droit d'attendre de ceux qui sont impatients de montrer ce qu'ils sont, de gagner leurs grades. est-ce donc de descendre dans la rue pour appeler le peuple à l'insurrection, de se jeter, tête baissée, dans cette carrière de conspirations, de complots, de barricades que leurs aînés ont teinte de leur sang, et où ils entreront, à leur tour, quand aura sonné l'heure de la révolution, l'*ultima ratio* des peuples opprimés, qui mettent la force au service du droit.

A chaque jour sa tâche.

S'opposer aux mesures arbitraires, aux abus de pouvoir, aux actes de bon plaisir dont les fonctionnaires ne sont pas *autorisés* à se rendre coupables par les lois de l'empire ; dénoncer au pays les violences, les fraudes, les corruptions électorales qu'on n'a pu empêcher. Enseigner, par la parole, par la presse, par l'exemple, aux électeurs qu'aux jours du scrutin ils peuvent voter pour le candidat de leur choix, sans crainte du gendarme et du mouchard, sans que personne n'ait à leur demander compte de leurs votes, et que ceux-là seuls qui portent atteinte à la liberté des suffrages tombent sous l'application du code pénal ; aux assemblées de la commune, du département, de l'Etat, que, malgré leurs attributions restreintes, elles sont les mandataires du peuple, non les serviteurs du pouvoir, et ont pour mission de défendre les droits et les intérêts de ceux qu'elles représentent, non d'enrégistrer les ordres de l'autorité ; à tous, le courage civique qui empêche les peuples de déchoir et peut les relever quand ils sont tombés.

Avoir des sifflets pour toutes les apostasies, pour toutes les turpitudes, pour toutes les lâchetés; des applaudissements pour tous les combattants des causes qu'on aime, — se mêler aux manifestations qui se font en l'honneur de l'indépendance d'un peuple, des triomphes de la démocratie, de la libre pensée, des martyrs de l'idée; — rester la tête haute, le cœur pur, au milieu des serviles et des corrompus; — préférer aux faveurs du gouvernement la fière dignité du citoyen; — étudier les questions politiques pour en préparer la solution et sonder les plaies sociales pour en trouver le remède; — monter à l'assaut de la liberté, par toutes les voies qui se présentent, sans regarder quels sont les auxiliaires qui combattent, derrière soi, l'adversaire commun, mais sans ouvrir ses rangs à ceux qui étaient des ennemis la veille et le seront le lendemain, afin de n'être point trahis pendant la lutte et de n'avoir à compter avec personne après la victoire.

Voilà ce que sous l'empire, les hommes *jeunes, nouveaux,* qui ne trouvent point l'occasion des grandes entreprises d'une autre époque, peuvent faire, sans trop d'héroïques efforts, pour conquérir la notoriété, la réputation, les titres qui permettent d'obtenir ou de demander ce que la démocratie peut donner.

Est-il donc si difficile d'entrer dans la politique par cette grande porte?

Vous-même, monsieur, qui, ainsi que tant d'autres, vouliez être général avant d'avoir été soldat, et prétendiez, à la tête de quatre hommes et un caporal, conquérir, en courant, notre pays gaulois, vous aviez un moyen bien naturel, bien simple, de vous créer ces titres à la confiance de vos concitoyens, de poser, pour l'avenir, votre candidature sur le terrain démocratique.

Lorsqu'un candidat, appuyé par les démocrates, se trouvait en face du candidat officiel, de l'homme de l'autorité, si la moindre fibre d'opposition avait vibré en vous, si vous aviez eu seulement un peu de ce sens pratique, de ce flair politique dont les ambitieux, dans leur propre intérêt surtout, ne devraient pas manquer, votre rôle était tout tracé.

Vous, le nouveau venu, inconnu à l'arrondissement, qui vous présentiez tout seul, et n'aviez ni dans vos amis, ni dans votre famille même, cet appui, ces encouragements qui pouvaient faire illusion sur ses forces; vous deviez, cela est incontestable, vous retirer d'un combat inégal, vous désister, et, au lieu de diviser les voix par une diversion que le pouvoir voyait avec plaisir, consacrer votre influence, si vous en aviez, au triomphe de celui qui représentait par ses opinions l'opposition libérale, et que la démocratie acceptait.

En cela, vous n'auriez fait que suivre l'exemple de tant de bons citoyens, de démocrates éprouvés, d'hommes éminents qui, à Paris et ailleurs, à toutes les époques, se sont retirés devant ceux que les comités avaient choisis, et en ont soutenu l'élection.

Loin de vous diminuer, de subir une défaite, vous auriez gagné ainsi votre premier chevron.

Si vous ne trouviez pas assez *avancé*, le candidat indépendant, bien que dans sa profession de foi il déclarât ouvertement être du parti de ceux qui réclament la liberté de la presse, la liberté de réunion, la liberté des votes et les réformes administratives et financières que le pays attend, il vous restait encore à prendre un parti dont personne n'avait à vous faire un reproche ; vous abstenir !

Mais non ! vous mettez en œuvre tout votre savoir, tout votre pouvoir, pour faire échouer l'élection de celui que porte l'opposition; et lorsque le scrutin a prononcé; lorsque cette opposition est battue avec vous, sinon comme vous, puisqu'elle a balancé la victoire ; il arrive que vous trouvez dans votre indépendance démocratique le moyen seulement de glorifier les vainqueurs, d'insulter aux vaincus. A part, en effet, votre invocation mythologique aux petits *Jupiters* administratifs dont vous n'eussiez pas laissé dormir les foudres, si vous les aviez eues à votre disposition pour la circonstance, et le brevet de don Quichottisme délivré par vous à un député aussi dévoué pourtant à l'empire qu'il l'a été aux derniers gouvernements, parce qu'il se vante ridiculement de sauver, chaque matin, une société que vous, plus modeste, prétendez simplement convertir ; on ne voit dans votre brochure qu'éloges pour les hommes du pouvoir, qu'attaques contre les hommes de la liberté.

Ceci, monsieur, est une faute et une mauvaise action; de ces choses il n'en est point comme des écarts de style, d'imagination et, à certains égards, de jeunesse, qu'on peut mettre sur le compte de l'inexpérience, de l'âge; par suite, oublier, pardonner.

Dans l'intérêt surtout de la démocratie que vous dites aimer, servir, défendre, il y avait mieux à faire, à coup sûr, que de vous en prendre aux révolutionnaires et aux républicains qui, à l'heure présente, bougent peu et ne sont guère puissants.

Ne deviez-vous pas, puisque vous avez, à ce qu'il paraît, le goût et le loisir d'écrire, signaler la pression que les sous-préfets, les juges-de-paix, les maires ont exercé sur les électeurs ; l'intimidation que les gendarmes, les gardes-champêtres, les percepteurs, les commissaires répandaient partout ; la corruption ouvertement pratiquée par les promesses faites aux individus, les dons accordés aux communes, et les récompenses données aux zélés ; la suppression des bulletins électoraux par des facteurs de la poste ; les manœuvres des présidents de bureaux empêchant ou rendant illusoire le secret du scrutin ; les escamotages de l'urne, tous ces méfaits officiels, patents, habituels, qui font un instrument de règne, la soupape de sûreté de la chaudière impériale, de ce suffrage universel donné par la république de Février, mutilé par la majorité royaliste, cléricale et bonapartiste de la législative, et placé par le coup-d'état sous le sabre des prétoriens, par l'empire sous la surveillance de la haute police.

Vous qui n'êtes ni *aveugle* ni *borgne*, il vous était plus facile d'apercevoir tout cela dens les diverses élections de notre département, où les choses se sont passées, du reste, comme dans toute la France, que de me voir, dirigeant, à la tête de mon état-major, la chasse à l'électeur, alors que depuis 1849, je n'ai été présent à aucune de ces batailles électorales où vous venez, pour votre début, de prendre une part si glorieuse ; éloigné que j'ai été de mon pays, d'abord par le mandat que je tenais de lui, ensuite par la proscription ; et il y aurait eu plus d'opportunité à mettre au pilori de l'opinion, les puissants qui violent les lois mêmes qu'ils ont faites, que d'évoquer un nouveau spectre rouge, comme aux jours où le rouge était proscrit avec les rouges.

Heureusement pour celui dont le vêtement de couleur suspecte vous a si fort horripilé et qui, par suite d'une accusation autrement grave, reconnue calomnieuse, a subi, il y a quelques années, une détention préventive d'un mois, au milieu des voleurs, le rouge est très-bien porté aujourd'hui; non pas sur la poitrine, il n'y est guère, dans le monde civil, que le signe de la servilité, mais sur les épaules des beautés à la mode et de bien des grandes dames, qui ont adopté la chemise à la Garibaldi, sans passer cependant, à la ville et à la cour, pour des lionnes bien cruelles ou des républicaines.

Le héros de l'Italie, si populaire partout, est pourtant un de ces grands incorrigibles du vieux parti de la liberté, qui ne se sont pas ralliés, que je sache, à votre jeune empire. Il ne fraye guère, non plus, avec le gendre du roi *galant-homme*, votre Napoléon le gros, que les monarchiens appèlent parfois *le prince de la montagne*, pour jeter une dernière insulte aux représentants de l'extrême gauche, qui l'ont si bien tenu à distance d'eux et de leurs réunions, en toutes circonstances, même aux journées de décembre, où il cherchait partout leur comité de résistance, pour proposer d'aller poignarder le traître à la république.

Puisque vous supposez donc que l'un de ceux à qui vous attribuez surtout votre insuccès, doit à sa vareuse écarlate l'estime et l'affection dont il est entouré, vous avez, à l'avenir, un moyen excellent de devenir l'ami du peuple en restant celui du prince.

Prenez le fameux manteau rouge de feu Mangin dont

la succession est ouverte à tous les fabricateurs d'orviétans démocratiques, faiseurs d'opérations *césariennes*, vendeurs de drogues impériales, Boscos politiques de la haute école, qui veulent faire prendre les vessies pour des lanternes, et autres grands empiriques de l'époque, avec ou sans patente du gouvernement.

Lorsque vous viendrez sur les places publiques de nos villes et de nos villages, tambouriner vos mérites, administrer aux braves paysans dont votre char triomphal sera entouré, le miraculeux remède de la *dive bouteille* qui doit rendre la vue aux aveugles, le courage aux poltrons, l'intelligence aux idiots, faire impérialistes les républicains, vous aurez un succès fou.

Après cela, si, par impossible, vous ne faisiez ni guérisons, ni conversions; si les électeurs étaient encore trop aveugles pour voir vos brillantes qualités, trop sourds pour entendre ou comprendre vos idées bonapartistes, trop infirmes pour vous suivre dans la voie de cet impérialisme démocratique que, sous la restauration, le libéralisme, en haine des bourbons, inventa et popularisa si fatalement en l'enveloppant dans le drapeau de la France humiliée et vaincue, mais qui est maintenant usé jusqu'à la corde: vous les abandonneriez à leur malheureux sort. bien plus! vous ne pourriez qu'être très-heureux, très-honoré de ne pas être le représentant d'une population d'incurables; et vous prendriez le sage parti d'en appeler du peuple à César, sachant que, sous l'empire, César, après tout, est le grand électeur.

Quelque route que vous choisissiez pour parvenir aux hautes destinées que vous vous êtes promises, ce n'est pas moi qui vous disputerai personnellement la position où vous aspirerez, qu'elle soit donnée par l'élection ou la faveur, par le peuple ou le pouvoir.

Tout ambitieux, tout vaniteux que vous me disiez; me fut-il permis de compter sur les sympathies et l'appui de la démocratie républicaine qui a la majorité dans notre arrondissement : elle l'a prouvé et le prouvera encore en temps et lieu, on le verra bien; eussé-je derrière moi cette armée de quinze mille Séïdes que vous me donnez, et à qui vous prétendez que j'impose mes candidats; comme si un autre qu'un empereur, je parle de Caligula, pouvait imposer à des Romains de la décadence, le premier venu pour faiseur de lois, son cheval pour consul; ayant, en un mot, le désir et la certitude du succès, je ne viendrai jamais, sous l'empire, disputer à vous ni à personne les suffrages populaires : ces suffrages dussent-ils m'ouvrir, comme autrefois, les portes du conseil de la commune, du conseil général et de votre corps législatif qui a la prétention d'être une assemblée de représentants du peuple.

Oui, vous pouvez prendre acte de ma déclaration : tant qu'un Napoléon règnera dans la France asservie, je ne passerai point sous les fourches caudines du serment; bien que je pusse m'autoriser d'un exemple fameux que vous admirez, pour le faire avec la restriction mentale d'être parjure au besoin. Je me ferme donc la vie politique pour le présent et, à votre sens, sans doute, pour toujours, puisque vous et le parti des *jeunes* pensez, ou dites, que la France est à jamais inféodée à la dynastie des Napoléons dont je compte, ne vous en déplaise, voir pourtant bien la fin.

Maintenant, les frontières de la France ne sont plus

gardées par les soldats et les gendarmes qui, la bayonnette croisée, défendaient aux bannis l'entrée de la patrie; et je reste sur la terre étrangère, où j'ai passé les longs jours d'un exil de huit ans, proscrit par un décret que vous ignorez probablement, comme bien d'autres faits de notre histoire contemporaine, enseignée aux générations nouvelles par vos Loriquets tricolores, *ad majorem imperatoris gloriam.*

Mais ce n'est point, comme vous le supposez bénévolement, parce que je connais le *prestige de l'absence*, et *que je feins*, pour garder l'influence que vous me donnez, d'*être en but à des dangers imaginaires.*

Je sais, au contraire, que les absents ont toujours tort; et vous l'apprendrez à vos dépens, vous qui au lieu de vivre, pour étudier leurs besoins, leurs intérêts, leurs opinions, au milieu de ceux que vous aviez l'ambition de représenter au conseil-général et ensuite, dit-on, au corps législatif, habitez la grande ville qui devient une Babylone, lorsqu'elle cesse d'être la métropole de la liberté.

Je m'inquiète aussi fort peu, je vous le jure, des dangers assez réels, pourtant, que peuvent faire courir aux anciens républicains, et les razzias de ministres comme Espinasse, qui dans notre pacifique Brioude, sont venues prendre de nouvelles victimes pour la déportation ; et les délations, les vengeances, l'arbitraire des hauts et bas fonctionnaires qui veulent faire du zèle ou obtenir de l'avancement; et les douceurs de la loi de sûreté générale supendue sur la tête de ceux qui ont pris une part quelconque aux résistances contre le coup-d'état, et sont suspects pour ce qu'ils ont fait ouvertement, ou ce qu'on les soupçonne de comploter en secret.

Je ne me considère même nullement, et ne songe point à me faire regarder, ainsi que vous le croyez, comme un exilé volontaire, depuis que je viens, chaque année, au pays natal, passer dans ma famille, au milieu de nos belles campagnes, les joyeux mois pendant lesquels la vigne murit et donne ce bon petit vin de Brioude que le faro de Bruxelles ne me fait pas oublier.

Non, monsieur, je reste à l'étranger pour mon *bien-être moral*, comme vous restez à Paris pour vos plaisirs; comme une partie de votre famille, de vos connaissances, et tant de gens vivent loin du foyer domestique, pour leurs affaires, leurs intérêts ou leurs places; en cela, je mérite un peu, j'en conviens, votre reproche d'égoïsme: tout prêt, d'aileurs, à aller prendre ma place dans les rangs, quand l'appel se fera.

Que j'habite l'aristocratique Angleterre, la Belgique monarchique ou la Suisse républicaine, je suis au milieu de peuples chez qui la presse n'est pas baillonnée, la tribune réglementée par le pouvoir exécutif, le droit de réunion et d'association confisqué, la liberté individuelle supprimée; et j'aspire à pleins poumons l'air pur et sain de la liberté.

Aussi, j'estime et j'admire sincèrement, ceux de mes amis politiques qui sont assez bien trempés pour vivre, sans être asphixiés, dans l'atmosphère où vous vous épanouissez, vous et votre parti, sur une terre que rouvre le despotisme, et y restent sur la brêche pour continuer la tradition démocratique, combattre l'ennemi quand ils le peuvent, travailler à reconquérir les libertés perdues; exposés, lorsqu'ils parlent ou pensent trop haut, à venir augmenter le nombre des anciens proscrits, comme les rédacteurs de *la Rive Gauche* et de *Candide*, et l'auteur des *Propos de Labienus*, traqué de royaume en royaume pour crime de lèze-Césarisme.

Ils sont les soldats de la démocratie militante, comme sont les soldats du droit ces bannis qui se ferment, eux volontairement, par un exil sans trève, les portes de la France qu'ils n'ont pas revue depuis leur proscription, et où ils ne veulent rentrer qu'avec la liberté: laissant ainsi toujours debout la proscription en face du proscripteur, et, sous le drapeau républicain tenu par eux haut et ferme, protestant éloquemment, par la parole ou par la plume, contre l'empire triomphant.

Pour moi, je n'ai pas, je l'avoue, l'abnégation, le tempérament, le courage de ces vaillants, de ces dévoués du dehors et du dedans, dont la démocratie est fière. Me croyant inutile à l'œuvre qui s'accomplit dans la patrie et dans l'exil, par des ouvriers plus habiles, plus autorisés, plus influents que moi, je dépense mes jours indépendants sur une terre hospitalière aux libres pensées et aux vaincus, lorsque, conservant sa tradition, elle résiste à la pression des forts.

Mais, de loin ou de près, je demeure fidèle à mes amitiés et à mes haines; et rien de ce qui se fait dans la patrie ne m'est indifférent.

Lorsque ceux avec qui je suis en communauté de sentiments politiques ou d'affections, me demandent, non pas un mot d'ordre, — on n'en donne ni on n'en reçoit dans cette république des égaux, que vous appelez le royaume des aveugles, — mais mon opinion, je la donne, motivée sur les principes, les circonstances, la connaissance que je puis avoir des hommes et des choses dont il est question ; heureux, lorsque, de l'étranger, je me trouve d'accord avec mes amis de France, — ce qui n'arrive pas toujours.

Ainsi, pour les élections à tous les degrés, j'étais de ceux, et ils étaient nombreux avant le revirement récent appelé le *réveil*, qui demandaient que l'on s'abstînt, ou que l'on votât à bulletins blancs. Voici pour quels motifs :

Dans un pays où, pour donner un mandat en connaissance de cause, les électeurs n'ont pas le droit de se réunir, de se concerter, de s'éclairer par la discussion et les interpellations aux candidats ; où ceux qui se présentent aux suffrages du peuple, ne peuvent pas venir sans être marqués par l'estampille du pouvoir, ni dire hautement ce qu'ils sont, ce qu'ils veulent; où les professions de foi, les circulaires des comités, les bulletins électoraux doivent, pour être distribués, colportés, affichés, avoir le visa de la police; où les fonctionnaires les plus infimes comme les plus élevés ont la mission et la faculté de corrompre, intimider ceux qui résistent, violer le secret des votes, frauder le scrutin, sans qu'aucune protestation éclatante, efficace, puisse retentir, sans qu'il soit possible de faire punir les coupables ; dans un pays où il n'y a, en résumé, ni liberté de réunion, ni liberté de presse, ni liberté de vote, le suffrage universel n'existe pas.

De plus, une assemblée, produit d'une élection ainsi viciée dans sa base, et où viennent, déjà amoindris, des députés à qui on a enlevé le droit d'initiative, le droit d'interpellation, le droit d'amendement ; qui ont devant eux des orateurs payés pour célébrer, toujours et quand même, les louanges de leur empereur, derrière, des ministres non responsables, sur leur tête, un président imposé par le chef de l'exécutif et omnipotent: cette assemblée n'est pas un pouvoir législatif, celui qui dans les états bien ordonnés est le premier des pouvoirs, mais une chambre d'enrégistrement, un conseil d'état à grand orchestre, une académie politique, d'où peuvent sortir de beaux discours, pas une bonne loi, — rien pour la liberté.

En conséquence, il semblait qu'il n'était ni politique ni sage d'aller sans armes sur le terrain coupé de chausse-trapes et de mines, où le pouvoir attend et combat ses adversaires avec des canons rayés; parce que la défaite était certaine pour le parti démocratique marchant seul sous ses couleurs, partout excepté dans les grands centres de population où l'entente est facile, l'opposition nombreuse, intelligente, organisée; ou bien, lorsque passe un de ces grands courants d'opinion venant on ne sait d'où, et qui emportent tout, car ils sont le souffle de la révolution.

On s'accordait à penser que pour atteindre le but circonscrit par la constitution impériale, c'est-à-dire, pour faire entrer des hommes même honnêtes, éloquents, énergiques, démocrates, dans des assemblées délibérantes qui n'ont que des attributions insignifiantes, illusoires, et sont sous la dépendance du pouvoir absolu; il y avait duperie à s'exposer à une défaite presque assurée, cette défaite fût-elle sans danger, et peu de profit à vaincre, même avec éclat, à des intervalles si éloignés.

L'expérience apprend, en effet, que bien des combattants, surtout dans les masses qui profitent, d'ailleurs, ordinairement si peu de la victoire même, voyant leur parti toujours battu, se lassent, se découragent, finissent par croire au droit du succès, à passer du côté des forts.

Et la logique semble dire que là même où la démocratie triomphe par le nombre, la discipline, la résolution, l'élan de ses soldats, il vaudrait mieux qu'elle conservât cette puissance dont elle a conscience, pour une meilleure occasion, le but important, décisif ; et qu'elle ne gaspillât pas ses forces dans d'inutiles escarmouches, en les révélant, en outre, à l'ennemi qui peut alors compter ses adversaires, être mieux sur ses gardes et prendre les moyens, s'il ne *tient pas les Parisiens*, le mot a été dit, la chose faite, de *tenir Paris et la France par lui.*

Ce n'était pas seulement l'abstention dans les élections qui dès le principe, on le croyait, paraissait devoir être la règle de conduite la plus digne et, peut-être, la plus habile.

Regardant comme un devoir, comme une nécessité, d'arracher le masque d'hypocrisie dont se couvre le pouvoir absolu en se parant d'un principe républicain ; de ne pas donner à croire un seul jour à la France, au monde, à l'histoire, que l'empire napoléonien a pu être entouré d'institutions démocratiques; que dans la servitude avaient jamais existé la liberté de suffrage, une presse indépendante, une tribune populaire; beaucoup, et j'étais encore de ceux-là, auraient voulu que les démocrates véritables abandonnassent aux hommes du coup-d'état, à leurs complices et à leurs partisans, à ceux qui sont vendus et à ceux qui sont à vendre, aux ralliés, aux cupides, aux ambitieux de toutes les opinions, les positions officielles, légales, publiques que l'on peut prendre dans l'empire ; se retirassent, non-seulement d'un scrutin sans garanties, de conseils et d'assemblées sans droits, sans autorité, mais encore d'un journalisme placé sous la main du pouvoir, par l'autorisation préalable, le choix des gérants, les communiqués, les avertissements, la suspension, la suppression ; qui, par conséquent, lorsqu'il n'est pas lâche, servile, corrupteur et vénal, ne peut, malgré le talent et l'indépendance des écrivains de l'opposition, qu'être sans principes, sans franchise, endormeur, impuissant.

Puisqu'il était impossible d'inonder la France de journaux libres qui auraient submergé, en peu de temps, le trône et la dynastie des Bonapartes, on aurait fait ainsi le silence, le vide autour du despotisme, et laissé cuire l'empire dans son jus, je veux dire dans la boue et le sang de décembre ; — ce n'eut pas été long !

Dans une nation expansive, ardente, aimant le mouvement, le bruit, comme la France, cela était difficile, impossible, peut-être. Ceux qui se posent comme les organes ou les représentants du parti républicain pouvaient bien, du moins, laisser aux modernes rhèteurs byzantins et aux Machiavels des oppositions gouvernementales, les critiques enrubannées d'éloges, les ironies si subtiles qu'il faut les regarder à la loupe pour n'y pas voir des compliments, les épigrammes saupoudrées de sel attique et de sucre impérial, les finesses de style et de langage qui permettent d'être applaudis par tout le monde, toute cette polémique raffinée qui fait les délices des salons, que le peuple ne comprend pas, et toute cette politique de sous-entendus, d'expédients, de concessions, de coalition, d'apaisement, dont le résultat le plus clair est de faire dévoyer l'opinion publique, de troubler les esprits et pervertir le sens moral de la France.

Au lieu de s'enfermer dans le cercle étroit d'une constitution de bon plaisir, d'une légalité menteuse, avec des alliés douteux ou perfides, des programmes équivoques, d'étranges capitulations de conscience, des compromis qui ressemblent à des trahisons, rien n'empêchait, certes, non plus, les démocrates, résolus à ne jamais pactiser avec l'empire, de rester compacts, unis, recueillis, dans leur camp, jusqu'à ce que la parole fut aux évènements, pour faire la veillée des armes, tirer, entre temps, à volonté, chacun à leur manière, non sur les leurs, — ce qu'on a vu trop souvent, — mais sur l'ennemi montrant le défaut de la cuirasse, et se préparer, par l'approfondissement de la question sociale, au lendemain de la victoire.

Comme tout libre penseur, je ne relève que de moi dans les questions de conscience, par exemple; le serment politique, pour lequel chacun est seul juge de ce qu'il a à faire, et la *croyance* que les papes de l'athéïsme pas plus que ceux du catholicisme ou de toute autre doctrine extra-humaine, n'ont le droit d'imposer, au nom même des majorités les plus formidables, aux minorités les plus infimes, au plus humble dissident.

Lorsqu'il s'agit, au contraire, dans mon parti, de tactique ou de discipline, je me range volontiers du côté de la majorité. Or, le plus grand nombre a pensé et dit que dans les campagnes l'abstention était presque aussi périlleuse, aussi difficile que le vote indépendant; que dans les villes l'élection était un moyen d'agitation;

que les générations nouvelles, pleines d'ardeur et de promesses, avaient hâte d'entrer dans la vie politique, des républicains dont les opinions, le caractère, l'expérience inspirent confiance, ont proclamé qu'un parti qui s'abstient, s'annule, abdique ; que le sommeil conduit à la mort, et qu'il est du devoir de tout citoyen de prendre part, quand il le peut, à l'action quelle qu'elle soit. Plusieurs de nos amis ont appuyé, proposé, accepté même des candidatures avec toutes leurs conséquences. Paris s'est prononcé pour le mouvement; le reste de la France a suivi. Je m'abstiens donc de crier dans le désert, et je regarde couler le torrent.

Dans notre département aussi bien que dans les autres, la démocratie a voulu faire de l'*action* électorale; je n'avais plus rien à dire.

Il ne s'agissait que de trouver un candidat digne de représenter l'opposition, et pouvant réunir le plus grand nombre des suffrages.

Lorsque j'ai appris quels étaient les trois concurrents en présence, je n'ai eu qu'à approuver le choix déjà fait par mes amis.

Je savais que l'un était indépendant par caractère comme par position, sans ambition, sans engagements de parti, aimé et estimé de ses concitoyens dont il connaissait et saurait défendre les intérêts; qu'il n'avait point marché, sans doute, dans les rangs des républicains, mais ne leur avait jamais été hostile, et s'il ne se donnait pas pour démocrate, n'avait en aucun temps obtenu ou sollicité ni distinctions ni places; qu'il venait, dans sa circulaire électorale, de manifester hautement le libéralisme de ses opinions.

J'avais vu l'autre, sous Louis-Philippe, d'abord aussi républicain et plus voltairien que moi, puis, satisfait et juge; à la révolution de février, républicain de rechef et sollicitant la présidence du tribunal; après le coup-d'état, chargé par la commission mixte de la Haute-Loire, de l'instruction à la suite de laquelle ont été transportés plusieurs habitants du canton de Brioude, coupables d'avoir été républicains sous la république; avec l'empire, arrivé, par le confessional, à la cour d'appel, et toujours candidat officiel.

Vous, monsieur, vous étiez connu par votre *attachement* au Persigny et surtout par votre brochure napoléonienne, que vous aviez adressée, comme à bien d'autres, avec une lettre des plus courtoises, à mon frère qui depuis..... mais alors il ne recevait de vous que des compliments.

L'hésitation même n'était permise ni pour moi ni pour les électeurs qui, ayant déjà renoncé à l'abstention, entendaient faire de la résistance légale mais sérieuse, donner un vote significatif, envoyer un opposant au conseil général, ou, comme dans toute assemblée appelée à discuter les intérêts de la collectivité, à créer des impôts, voter des dépenses, administrer une division territoriale, la politique est au fond de chaque question; quoiqu'en disent les gens interressés à faire croire le contraire.

Il n'y avait qu'un seul candidat possible. Ce n'était pas vous.

Lorsque, dans une élection, ceux que l'on appelait, sous la république même, les rouges, les socialistes, les *partageux*, qui maintenant ne peuvent plus se dire républicains, et auxquels toutes les autocraties, — bonapartistes du côté gauche, orléanistes, *retour d'Amérique*, papistes, nuance Hyacinthe — essayent de prendre le nom de démocrates, ne se présentent pas, ou refusent de se laisser porter, soit à cause d'un serment que, selon l'énergique expression de Proudhon, on ne peut ni tenir ni violer, soit parce qu'il leur paraît impossible de rendre des services au pays dans les assemblées actuelles: où faut-il prendre les membres du corps-législatifs, des conseils de la commune et du département?

Évidemment dans les rangs des anciens républicains roses ou bleus restés bon teint, et des hommes nouveaux, d'un libéralisme jeune, progressif, sincère, qui appartiennent au parti de la liberté, non à celui des *prétendants,* autres ennemis à combattre toujours, ou des convertis qui n'ont déserté le despotisme dont ils avaient été les témoins ou les complices, que lorsqu'ils ont été repoussés par lui.

Se faire représenter, quand on est ou qu'on se dit démocrate, par un napoléonien de la branche aînée ou de la branche cadette, des principes de 89 ou des coups-d'état, de la première ou de la deuxième manière; c'est à peu près comme si la gent moutonne qui sait que les loups la mangent et ne se mangent pas entre eux, se donnait pour pasteur un louveteau, parce que, comme celui de la fable :

Il aurait volontiers écrit sur son chapeau :
C'est moi qui suis *Guyot*, berger de ce troupeau.

Due à l'initiative de quelques citoyens en mesure de bien connaître l'état de l'opinion, la candidature appuyée par mes amis a grandi spontanément, sans qu'on ait pu, nous l'avouons, se réunir pour la discuter, la propager, la faire triompher. Vous savez bien pourquoi.

Dans votre empire si fort, si populaire, il est défendu de s'assembler, même en petit comité, portes closes, pour s'éclairer en commun, s'entendre sur les nominations à faire ou s'occuper des affaires du pays.

Comment pouvoir, alors, procéder, après des débats publics, à un de ces scrutins préparatoires qui préviennent les divisions, empêchent les voix de s'éparpiller sur plusieurs candidats de la même opinion, et assurent le succès de celui qui est l'expression vraie de la majorité. Auriez-vous, par hasard, voulu que ceux dont vous faites des chefs de parti, se fissent emprisonner pour porter témoignage de la liberté de l'élection, et laissassent à vous et à leur adversaire officiel le champ libre, ouvert?

Le procès des 13, cette condamnation, au mépris des lois, d'hommes considérables par la position, le talent, l'honorabilité, atteints et convaincus d'avoir formé un comité de consultation électorale, est un enseignement trop éclatant pour qu'il n'ait pas porté ses fruits.

Les démocrates de Brioude ont bien fait de ne pas se jeter dans le guet-apens de la légalité impériale.

Ils n'avaient pas besoin, d'ailleurs, de se compromettre inutilement pour faire triompher une candidature sortie toute seule de la situation et dont le triomphe était assuré, malgré votre intervention, si les manœuvres déloyales mises en œuvre par l'autorité n'avaient pas faussé l'élection.

Le grand nombre de voix obtenues par celui qu'ils portaient, prouve que sans s'être concertés, ils s'étaient entendus. Pour moi, une marque certaine, surtout que le

choix était bon, c'est la manière dont le candidat de l'opposition a été combattu par vous et les rares transfuges de notre parti, annonçant que votre concurrent se désistait en votre faveur; par le clergé en masse, l'éternel ennemi de la liberté; par toutes les administrations et tous les fonctionnaires, sous la dépendance du gouvernement qui les nomme ou les paye; par la bourgeoisie presque toute entière qui, ne suivant même pas l'exemple de celle des grandes villes, semble être restée, à Brioude, dans le sillon réactionnaire où elle était entrée après 48.

Les candidats de tout le monde ne sont pas, en effet, les miens; et je me défierai toujours de ceux qui ont un pied dans tous les camps, des soutiens dans tous les partis, des principes de rechange, qui soufflent le froid et le chaud, arborent pour couleur, suivant les temps, le blanc, le noir, le rouge ou le tricolore, et disent selon les lieux :

« Je suis oiseau, voyez mes ailes.
» Je suis souris : Vivent les rats !

Forcé de choisir, je préfèrerai encore un ennemi déclaré à un de ces caméléons politiques si communs à une époque où on veut, avant tout, arriver, un ambitieux repu à un ambitieux à jeun. L'on sait du moins avec qui on traite; et l'on ne s'expose pas à faire la courte échelle à quelque prétendu indépendant qui, pour escalader le pouvoir, vous exploite et se moque de vous, par dessus le marché.

Si le peuple avait pû se réunir dans ses libres comices, comme aux jours si calomniés, pourtant, où les vaincus de la veille et ceux de 1830, mettant à leur chapeau la cocarde républicaine, parce qu'ils n'avaient point de serment à prêter; — on leur avait épargné le parjure, — venaient disputer aux vainqueurs les suffrages populaires, les choses ne se seraient pas passées ainsi.

Dans les élections à tous les degrés, chaque parti aurait eu son programme, ses comités, ses réunions préparatoires; toutes les candidatures se seraient librement produites, auraient été discutées par la parole et par la presse; les citoyens qui les acceptaient ou les demandaient, auraient été appelés, entendus et jugés par les électeurs; la tribune était ouverte à tous.

Vous et vos amis politiques, vous vous seriez portés les champions de l'empire, — ceux qui croient que la France est aussi impatiente de liberté que d'égalité, et veut se gouverner elle-même, auraient parlé pour la république.

Conquise par le peuple de Paris sur les barricades où, en trois jours, furent broyées trois dynasties, la république de Février, auraient dit les républicains, a été acclamée avec enthousiasme par la France entière, embrassée avec ardeur par tous les partis, applaudie par toutes les nations.

Lorsqu'elle était aux républicains, en majorité dans le gouvernement provisoire qui exerçait tous les pouvoirs, et parmi les commissaires investis par lui et sous la direction de Ledru-Rollin, des attributions les plus étendues dans les départements; elle rendit le peuple souverain de droit et de fait, en le mettant en possession du suffrage universel; fit des Tuileries, palais des rois du passé, les invalides du travail, roi de l'avenir; et donna une liberté de réunion, d'association, de presse, si grande, que ses ennemis purent s'en servir pour conspirer ouvertement sa ruine.

Elle abolit l'esclavage dont la grande Amérique du Nord, avec tout le sang qu'elle vient de verser dans une guerre civile, comme le monde n'en avait pas vu, n'a pû encore complètement laver la tache, et admit les noirs émancipés de la veille, au vote et à la représentation nationale : consécration solennelle de l'égalité des races.

Elle accorda aux étrangers qui, dans des monarchies constitutionnelles dont on vante le plus les progrès, sont régis par le vieux droit des gens combiné avec les lois modernes sur les vagabonds, la faculté de se faire naturaliser après cinq ans de résidence, lorsqu'ils ne seraient pas frappés d'indignité par la loi, et d'exercer alors la part de souveraineté légitime qu'on leur refuse dans leur patrie ; fit ainsi la première étape vers la solidarité des peuples; pendant qu'au nom de la fraternité, elle protégeait, en confiant simplement l'honneur de la république hospitalière à la générosité du peuple, les travailleurs étrangers, dont la concurrence était une nouvelle cause de misère pour les ouvriers français un moment menaçants.

Elle brisa l'échafaud politique qui s'est relevé sanglant pour Charlet et tant d'autres :

Délivra la conscience, du serment féodal et religieux, pour mettre à la place le devoir civique :

Effaça : des codes, les expositions publiques des condamnés, spectacle odieux inventé par les législations barbares, et la contrainte par corps, tronçon de chaîne pris dans l'arsenal des décemvirs pour lier l'homme au capital ; — des lois disciplinaires de la marine, les peines corporelles qu'a conservées l'Angleterre où, sous la hiérarchie et l'inégalité, la dignité humaine, la liberté même reçoivent de si étranges atteintes ; — des actes publics, les titres de noblesse : révendication officielle et incessante des priviléges de l'ancien régime.

Elle fit participer aux affaires du département, de la commune, tous les habitants sans distinction, en les appelant à élire des conseils-généraux qui choisissaient eux-mêmes leurs président, et des conseils-municipaux, au sein des quels devaient être pris les maires : droits du citoyen et garantie contre le pouvoir central, que ne possède pas maintenant une nation fière à juste titre de ses franchises communales, la Belgique qui laisse le privilége, à la minorité de nommer les conseils chargés d'administrer les affaires de tous, au roi, de prendre en dehors de ces conseils le premier magistrat de la commune, le bourgmestre.

Elle donna à l'élection, dans la garde nationale, pour tous les grades, dans les beaux arts, pour les jurys d'exposition de peinture, ce qui était, auparavant, à la nomination royale: Plaça les instituteurs primaires au rang qui leur était dû, en améliorant leur situation, les rendant indépendants du clergé, leur donnant une juste influence dans la commune.

Elle créa pour l'industrie laissée avec préméditation, sans *demandes*, sans avances, par les dispensateurs de la richesse, des comptoirs d'escompte ayant pour but de faire descendre, dans le pays entier, le crédit à la portée de tous, en atténuant les funestes conséquences du monopole de la banque de France, des exigences des banquiers particuliers, de la rareté du numéraire.

Fit ouvrir des magasins de dépôt, qui mettaient les consommateurs en communication directe avec les producteurs, pouvant y entreposer leurs produits, sur récépissés transmissibles par voie d'endossement et circulant comme de la monnaie; garantît les travailleurs contre l'exploitation du *marchandage :* Réduisit la durée de la journée légale de travail, et distribua soixante millions entre les établissements de crédit pour la petite industrie ou le petit commerce, et les associations ouvrières qui venaient d'aborder avec plus de foi que de science, le problême de l'organisation du travail.

Par l'hostilité d'une émigration nouvelle, celle de l'argent, elle ne put obtenir, de ceux qui ont donné pour les fantaisies de l'empire quatre fois plus qu'on ne leur demandait, l'emprunt national de cent millions destiné principalement à payer les dettes de la monarchie, en faisant toucher aux rentiers de l'état leurs arrérages, sans retards, sans la retenue qu'elle imposait à ses propres fonctionnaires. Et alors, elle augmenta la contribution foncière; ce fut une de ses fautes; au lieu de mettre une taxe révolutionnaire sur les riches seuls, spécialement sur les émigrés, indemnisés pour crime de trahison envers la patrie.

Mais ces malheureux 45 centimes, si perfidement exploités par les mêmes qui se sont laissé prendre, en applaudissant, 150 millions, à la conversion des rentes, goutte d'eau dans la mer du déficit; elle entendait les faire payer seulement — voilà son excuse — par les contribuables qu'une commission municipale aurait déclarés en état de supporter une aggravation de charges, c'est-à-dire, par les propriétaires aisés : mesure que la réaction, bientôt victorieuse, rendit illusoire comme tant d'autres réformes, en empêchant de l'exécuter.

Au même moment, elle supprimait l'impôt sur le sel; enlevait, avec les droits de circulation et de détail sur les boissons, ce que la perception de ces droits avaient de plus vexatoire, de plus irritant, *l'exercice;* et exonérait du timbre et de ses entraves fiscales, la presse affranchie, déjà, de ses lois d'exception, de sa servitude légale.

Cette république, enfin a, par sa seule apparition au milieu d'un peuple élevé dans la crainte de l'autorité et le culte du napoléonisme, enfanté des générations républicaines; elle a porté la question sociale, qui n'était pas sortie des livres ou des écoles, et que le dix-neuvième siècle est maintenant tenu de résoudre, au gouvernement, avec Albert, l'ouvrier, Louis Blanc et le ministère du travail; dans les palais des pairs et des députés de la monarchie, avec Proudhon, Pierre Leroux, Considérant, Nadaud, le maçon, Greppo, le canut lyonnais, les trois sous-officiers de l'armée, les autres représentants socialistes des deux assemblées et les délégués du Luxembourg; dans les villes, dans les campagnes, dans la France entière, avec les journaux, les réunions, les associations populaires et les clubs où, à Paris, surtout, sous la présidence de Barbès, de Raspail, de Blanqui, de Cabet, d'autres encore, les doctrines les plus radicales, les plus révolutionnaires furent posées, débattues, avec un éclat qu'on n'a point oublié; et elle a semé dans l'Europe monarchique, la révolution dont les germes féconds ont été écrasés sous les pieds des chevaux de l'armée du passé et les roues des canons royaux, mais n'ont pas été étouffés, et n'attendent pour éclore, qu'un rayon de soleil.

Elle ne fut donc ni une catastrophe, comme osèrent le

dire les hommes à qui elle donna fortune et pouvoir, ni une révolution stérile, comme pourraient le croire les républicains qui y ont tout perdu, fors l'honneur et l'espérance. Depuis les grands jours de la première république, c'est le fait social le plus important qui se soit produit; et si elle n'a pas fait tout ce qu'elle pouvait faire, si elle n'a pas su défendre et garder toute ses conquêtes, si elle n'a resplendi qu'un jour; elle a laissé dans le monde sa trace lumineuse qui, au milieu de la nuit de l'empire, éclaire encore et montre la route aux pionniers de l'avenir.

Alors que, par des causes diverses, principalement par son incroyable générosité envers ses ennemis naturels, ayant été enrayée, dévoyée, ramenée en arrière par une réaction violente, elle eût à lutter contre la coalition des hommes d'église, des hommes d'argent, des hommes d'affaires et de toute les aristocraties; qu'elle eût perdu son sang à Paris, par tous les pores, et son honneur à Rome; qu'elle laissait porter la main sur le suffrage universel, museler ses libertés, transporter, emprisonner, persécuter, destituer, ruiner ceux qui l'avaient fait triompher et voulaient seuls la conserver; grandir et éclater la double conspiration de son président et de la majorité royaliste de ses représentants; qu'elle ne s'appartînt plus, ne fût plus qu'un nom, mais un nom qui flamboyait toujours aux festins de Balthazard, et obligeait à ne pas prendre — cela s'est fait plus tard, — la bourse en même temps que la liberté au peuple souverain; cette république fut économe de la fortune publique, maintînt l'ordre dans les finances et allégea le poids des charges les plus lourdes: — ainsi, elle diminua de 57 millions la taxe des lettres et l'impôt sur le sel, de 27 millions, la contribution foncière ; de moitié, les droits sur les quittances et obligations ; réduisit les frais de gouvernement proprement dit, qui dépassaient 27 millions, sous Louis-Philippe dont les pairs et les députés n'étaient pourtant pas payés, à 7,750,000 francs ; donnant par an à son président, cinq fois moins rétribué que le roi des Belges, 600,000 francs, que Louis-Napoléon fit plus tard doubler ; à son ministère 400,000 fr., à ses représentants, qui étaient 900 sous la constituante, 750 sous la législative, siégeaient l'année presque entière et eurent tant d'orageuses séances d'où la minorité sortit décimée d'abord, puis proscrite, ces fameux 25 fr. par jour, qu'on leur a reprochés jusque sur les barricades où notre ami Baudin tombait mortellement frappé, en défendant la constitution.

Et elle retrancha 300,000,000 environ, sur le budget qui, en 1847, atteignait 1,600.000,000, et à la veille du coup d'état était descendu à 1.300,000,000.

Elle n'a pas eu la pensée, comme les habiles du jour, ni de rétablir, sous d'autres formes, la loterie et le jeu, autant pour démoraliser le pays et l'accoutumer ainsi plus facilement au joug, que pour acheter l'appui de la bourse et de la banque enrichies aux dépens de tous ; ni de mettre la planche aux assignats entre les mains des agioteurs d'une autre rue Quincampoix, pour *démocratiser* le crédit, en prenant à la France son argent sonnant, son capital monnayé, et lui donnant en échange des milliards de feuilles de papier à sa marque, hypothéquées sur les brouillards de la Seine. — Elle croyait à l'avenir ; et si pour venir au secours de l'industrie, du commerce, de l'agriculture, que des crises financières et politiques, sans exemple depuis longtemps, éprouvaient si rudement, elle dût consacrer 300,000,000 à des travaux extraordinaires; elle le fit (1) *sans charger le grand livre de la dette consolidée, en maintenant dans de justes limites la dette flottante* augmentée en quatre ans de 133,000,000; et elle s'abstint de ces dépenses exagérées, de ces emprunts ruineux qui préparent la banqueroute; fatale extrémité que l'austère banquier Fould proposa au gouvernement provisoire comme un expédient financier, et à laquelle aboutit inévitablement l'empire.

Les orateurs du parti bonapartiste, prenant la parole, se seraient, tout d'abord, attachés à faire vibrer la corde sensible de ceux *qui sont fiers d'être Français, quand ils regardent la colonne.*

Opposant cette buveuse de sang humain que les poètes ont appelé la gloire, à la liberté, ils auraient chanté les victoires et conquêtes du premier empire; conté toute la légende napoléonienne, si bien encadrée entre le 18 brumaire qui vit périr la liberté, et l'invasion qui démembra la France; légende de batailles qu'illustrent, de plus, ces choses créées ou restaurées par son héros et qui sont presque toutes debout encore aujourd'hui : le despotisme, la religion et la police d'état, l'ancienne noblesse et l'aristocratie nouvelle, la conscription, impôt du sang, dont on se rachète avec de l'or et qui, pendant tant d'années, mit en coupes réglées, pour la guerre, les populations condamnées à payer ensuite, au prix des plus

(1) Rapport de M. Fould en 1852.

durs sacrifices, la rançon de la paix; le centralisme administratif et bureaucratique qui fait des communes, ces forces vives de la nation, les roues d'un engrenage que l'autorité, sous sa forme la plus tracassière, met en mouvement et dirige seule; les *droits réunis*, dont les employés ont eu, sous le nom de *rats de cave*, une si triste célébrité dans les pays vignicoles, où ils fonctionnent sous une autre désignation, etc.

Passant alors par une de ces heureuses transitions que le poète des premiers Césars recommande, de l'oncle au neveu, d'Auguste à Augustule, ils auraient rappelé les glorieux événements de Strasbourg et de Boulogne, la lettre de soumission du jeune prince Louis-Napoléon au vieux roi Louis-Philippe; et dans la proclamation affichée, en 1848, sur les murs de la ville où le prince avait été pris avec son aigle, cette phrase célèbre du prétendant à l'empire : « que mon cœur se dessèche dans ma poitrine si jamais je pouvais être assez infâme pour trahir la république que j'ai juré de servir. »

Puis, ils auraient célébré les solemnités de la grande journée où devenu président, l'ancien carbonaro jura, cette fois, *en présence de Dieu et devant le peuple français, représenté par l'assemblée nationale, de rester fidèle à la république démocratique*, *une et indivisible*, *et de remplir tous les devoirs que lui imposait la constitution;* les dîners de Satory et les nuits de St-Cloud, la rentrée du pape à Rome dans les fourgons des cosaques..... de la Seine, et les phases les plus marquantes de la conspiration tramée contre les gouvernés par leur gouvernement osant tout pour réussir; les mystères de la bourse et du lingot d'or, et, rayonnant sur tout, les hauts faits de la nuit du 2 décembre avec ses accompagnements, les mitraillades, les casemates. la justice sommaire des conseils de guerre et des commissions mixtes, les déportations, les proscriptions, la saisie de la propriété des défenseurs des lois, la confiscation des biens de la famille d'Orléans, la mise en état de siége et de vote forcé, de la France. . . . .

Après avoir énuméré les millions de suffrages officiels qui ont sacré le coup d'état et couronné l'empire, triomphants sur toute la ligne, ils montraient le peuple français, dès ce moment, heureux, honoré, fier d'avoir pour maître absolu, tout puissant, un empereur de race hybride, marié à une comtesse espagnole, entouré d'une cour splendide et galante qu'émaillent des ducs de Charamande, des marquis de la Baroquerie, des vicomtes du Moellon ; soutenu par une triple et formidable armée de fonctionnaires, de soldats, de mouchards, et répandant à flots l'or et le sang de la nation, au Mexique, pour mettre une république amie sous le joug de l'Autrichien et provoquer un conflit entre les Etats-Unis et leur plus ancienne alliée ; en Italie, pour annexer Nice et la Savoie, devenues plus italiennes de cœur depuis le jour où elles se sont *données* à l'empire par le vote libre que l'on sait ; et pour maintenir le pape à Rome malgré les romains ; déliant ainsi du devoir de la reconnaissance un peuple dont la puissance peut être un danger pour la France, s'il en est séparé par les intérêts ou les principes ; en Crimée, pour donner au drapeau de décembre un lustre d'un autre genre, et démolir au profit de l'Angleterre et de la Turquie, une ville russe, sentinelle perdue sur la route de l'Orient, en laissant au tombeau éventrée mais vivante, la Pologne que l'on pouvait sauver ; en Syrie, en Chine, en Cochinchine, au Japon, pour donner aux missionnaires catholiques le droit d'avoir les clefs des lieux saints, de convertir les petits Chinois, de confesser les Japonaises.

Cet empereur, proclamé grand dans la paix comme dans la guerre, ils l'auraient remercié d'avoir jeté d'autres milliards dans ses gigantesques ateliers impériaux, pour écraser l'idée sous les intérêts matériels, livrer la fortune publique aux hauts barons de l'industrie tenus sous la dépendance du pouvoir ; enlever aux grandes villes, en les criblant de voies stratégiques et de dettes, les loisirs comme les moyens de se mêler de politique ; et faire de Paris, tête et cœur de la France, foyer de la pensée humaine, un caravansérail européen sous la garde des janissaires, une ville de luxe, de plaisirs et de jeu, entourée de canons toujours braqués contre la liberté.

Il ne restait plus qu'à mettre dans le plateau impérial, pour faire pencher la balance, le poids des sommes qu'a dévorées et que dévorera, jusqu'à ce qu'il tombe, le dernier des Napoléons ; et le plateau de toutes les républiques passées, présentes, futures aurait été trouvé bien léger.

Qu'opposer, en effet, à ces chiffres défilant majestueusement devant les contribuables émerveillés d'apprendre ce que coûte un empire.

Doublant, et au-de là, pour faire les choses en grand, ce que, sous la monarchie, elle accordait à Louis-Philippe, d'après les calculs de M. de Cormenin, aujourd'hui vicomte, conseiller d'état, officier de la Légion-d'Honneur et qui s'y connaît (1), la France alloue, bon an, mal an, à son empereur (2) « pour logement, une douzaine de palais et châteaux, avec mobilier, parcs, eaux, forêts, prairies, terres labourables, représentant un revenu de 25 millions; pour frais de représentation, réceptions de souverains, dotations, cadeaux, musées, vingt millions; voyages et établissements de bains : 10 millions; habillement et livrées : 400.000 fr.: lingerie et blanchisserie : 200.000 fr. ; chauffage : 500.000 fr.; éclairage : 740.000 fr.; bouche, office, cave : 1 million 860,000 fr. ; gages de domestique : 1,300.000 francs; total : 60,000,000 » que sa majesté, trouvant encore le moyen de s'endetter, prend dans les poches de ses sujets pour faire aller le commerce, comme disent ceux qui payent les violons de toutes les fêtes impériales ou royales.

« Elle donne à ses ministres à porte-feuille : 900,000 francs; à ses ministres sans porte-feuille : 300,000 fr.; plus, pour frais de logement : 75.000 fr.; à son sénat conservateur : 7,000.000; à son corps-législatif, composé de 281 membres, qui siégent trois mois de de l'année, six, au plus, et font une si utile besogne : 4.500,000 fr.; soit, pour les grands pouvoirs de l'état : 70.250,000 francs par an. »

D'où il ressort que cette bonne vache à lait qu'on appelle la France, payant plus pour se faire gouverner, à

(1) Lettres sur la liste civile.

(2) Tout ce qui est entre guillemets est extrait de la *liste civile de Louis-Napoléon comparée avec celle de Louis-Philippe et les revenus du peuple.* Brochure publiée à Bruxelles.

mesure qu'elle est moins libre, a, en quatorze ans d'empire, consacré uniquement à graisser les roues du char de l'état et engraisser les charretiers, une somme équivalente à celle dont la restauration fit cadeau aux émigrés ramenés par l'invasion..... un milliard (1), — presque le triple de ce qu'elle avait dépensé pour Louis-Philippe dans une période semblable; et dix fois plus que ne lui aurait couté la république bourgeoise qui, si elle avait duré le même espace de temps, aurait déboursé pour son gouvernement : 108,500,000 fr. ; un beau denier déjà.

A l'heure qu'il est, après avoir eu le nombre ou le traitement de ses fonctionnaires doublé, le pays paye aux souteneurs du pouvoir, en fonds secrets, subvention, encouragement etc.. etc.; 150.000.000, à ses créanciers, en intérêts: 340.000.000; à son armée: 600.000.000; il voit sa dette flottante (2) dépasser 800.000.000; le budget des recettes monter à 1.900.000.000; celui des dépenses atteindre 2,300,000,000; le cinquième du revenu total de la nation, et sa dette publique, presque doublée, grossissant chaque année, par des déficits de 3 à 400.000,000, s'élever déjà à dix milliards.

Debout sur ce haut piédestal, sa colonne Vendôme, l'empire défie et domine le monde.

Dans un mouvement électoral qui pourrait changer les destinées du pays, les hommes de cœur, de principes, d'intelligence, ne se contenteraient pas d'explications, plus ou moins rétrospectives, sur des

(1) 985,830,000 (liste civile de Louis-Napoléon).

(2) Discours de M. Thiers sur le budget : 1865.

faits consignés dans le *Moniteur* ou couchés sur le grand livre.

Convaincus qu'il n'y a de révolutions légitimes, que celles qui sont fécondes, qui détruisent et fondent, ils auraient voulu savoir ce que la démocratie républicaine, la démocratie napoléonienne, tous les partis donneraient, à leur avènement, dans le présent et dans l'avenir, au peuple qui, depuis trop longtemps victime des bouleversements politiques dont il est l'appoint ou l'enjeu, ne doit ni ne veut être pas plus matière à expérience que chair à canon. Les représentants de chaque opinion auraient été interpellés sur les questions fondamentales de l'ordre politique, et sur ces théories confondues quoique diverses, souvent opposées, sous le nom de *socialisme*, que, surtout dans les trente années qui précédèrent le coup-d'état, ont élaborées, enseignées, propagées tant d'écrivains remarquables, d'orateurs éloquents, de profonds penseurs, parmi lesquels il suffit de citer St-Simon, Fourier, Owen, Comte.

La réponse des vieux démocrates aurait, sans doute, fort surpris les hommes nouveaux, assez jeunes pour croire qu'on vient d'inventer, un de ces matins, la démocratie et le socialisme.

Appelés à faire connaître leur programme, ils auraient simplement cité, en effet, celui adopté, presque en entier, par une des fractions les plus avancées, les plus nombreuses, les plus influentes du parti républicain; alors que le triomphe passager du mal, en troublant les esprits, aigrissant les caractères, abattant les courages, n'avait pas fait mettre en suspicion tous les hommes et toutes les choses de la révolution, même le suffrage universel, si étrangement, il est vrai, exploité et retourné contre lui-même.

Ces républicains, eux-mêmes, ont pu commettre des fautes; les églises, grandes ou petites, et ceux qui n'ont rien fait ont seuls la prétention ou le droit de se dire infaillibles ; ils étaient divisés — on l'est encore maintenant — sur les questions d'organisation future de la propriété et du travail; mais ils étaient consciencieusement, inébranlablement dévoués aux principes, à la cause du peuple; ils s'accordaient à croire inséparables, en toute question organique, la *forme* et le *fond;* à regarder comme seules profondes et durables, les réformes qui, par leur justice, leur utilité, s'imposent à la conscience et, en même temps, créent des intérêts par lesquels elles s'enracinent dans le sol; à vouloir, en définitive, la *république démocratique et sociale* dont, malgré tout, il ne faut abandonner ni le nom ni la chose.

Lorsqu'en 1852, l'échéance légale, ils seraient arrivés en majorité, par le vote libre du peuple, à une assemblée qui, par la force des choses, serait devenue une constituante, ils auraient eu mandat, pouvoir, volonté pour accomplir toutes les réformes reconnues possibles. C'est-à-dire :

Asseoir la république sur les fondements du suffrage universel, direct, libre, éclairé, organisé de manière à être l'organe sincère, l'expression réelle de la majorité, et à donner, toutefois, un certain nombre de représentants aux grands intérêts spéciaux, et aux minorités, au moyen d'élections complémentaires, du second degré, sur une autre base que celle de la population agglomérée.

Composer le gouvernement d'une assemblée de manda-

taires élus pour un ou deux ans, déléguant l'exercice du pouvoir exécutif, à un conseil de ministres responsables, révocables, prenant part aux discussions de l'assemblée quand ils le croiraient nécessaire, ou seraient invités à le faire.

Appeler le peuple, réuni en assemblées primaires, à sanctionner les lois organiques, la création d'impôts nouveaux.

Supprimer les octrois, les taxes sur les boissons et sur le nécessaire, les douanes entre peuples fédérés, les traitements trop élevés, les emplois inutiles, les monopoles des grandes compagnies qui bénéficient de ce qui doit appartenir à tous; les dépenses exagérées, les travaux improductifs, la vénalité des charges, transformées elles-mêmes, moyennant indemnité dans certains cas, en fonctions publiques, les brevets d'imprimeurs, l'inamovibilité de la magistrature, le budget des cultes et les privilèges octroyés à leurs ministres, qui rentreraient dans le droit commun pour tout, même pour le costume: — la milice religieuse, pas plus que la future armée nationale, ne devant se distinguer, en dehors de la fonction, des autres citoyens — comme le font seuls, encore, les prêtres et les militaires — par des uniformes, des décorations, des signes spéciaux qui constituent la caste.

Établir un impôt unique sur la fortune capitalisée.

Rétribuer convenablement les fonctions utiles données à l'élection, au concours, au choix et à l'ancienneté, combinés d'une manière normale.

Attribuer à l'assemblée nationale, le droit de nommer les membres de la cour de cassation, de la cour des comptes et du conseil d'état; aux conseils et aux tribunaux cantonaux, celui de désigner, sur les listes des *capables* en droit, les candidats parmi lesquels doivent être pris les juges-de-paix et autres magistrats de l'ordre judiciaire.

Fixer une période après laquelle, les magistrats de tous les degrés doivent être confirmés dans leurs fonctions.

Mettre la justice à la portée de tous, et la rendre vraiment gratuite, en remplaçant: 1° les cours d'appel et les tribunaux de première instance, par des tribunaux plus nombreux, égaux en juridiction et en compétence, dont les jugements ne pourraient être réformés que pour violation de la loi, par la cour de cassation; 2° les juges actuels, qui décident en *fait* comme en *droit*, par des arbitres volontaires et, suivant les cas ou les intentions des parties, par des jurés civils et correctionnels, statuant sur la question de fait, et que présideraient des magistrats jugeant le point de droit; magistrats qui pourraient se transporter d'un canton à l'autre, si les juges-de-paix avec leurs suppléants étaient insuffisants.

3° Les avocats privilégiés, par des défenseurs que choisiraient les parties.

4° Les avoués, les notaires, les huissiers, par des fonctionnaires publics, percevant, pour le compte du trésor, les frais d'actes réduits à leur plus simple expression.

Déchirer le code militaire, le code de procédure et toutes les lois qui portent atteinte à une liberté, à un droit.

Retrancher des autres codes tous les articles qui consacrent le privilège, l'arbitaire, l'abus du pouvoir ou de la propriété, détruisent l'égalité dans les conventions, la justice dans les rapports civils et commerciaux.

Abolir les tribunaux d'exception, la peine de mort, les bagnes, l'emprisonnement cellulaire de jour et toutes les peines qui, sans profit pour la société, dégradent et martyrisent le coupable, au lieu de l'amender.

Indemniser les citoyens illégalement ou injustement détenus.

Déclarer responsable de ses actes quiconque est investi d'une fonction ou d'un mandat public.

Accorder aux condamnés la faculté de se racheter d'une partie de leur peine par leur travail et leur bonne conduite.

Licentier les armées permanentes, en indemnisant convenablement ceux dont la position serait brisée ; et organiser une garde nationale ou milice civique, composée de tous les citoyens valides, s'armant pour défendre la patrie en danger dans son indépendance ou sa liberté ; travaillant, en temps de paix, pour l'enrichir et l'embellir.

Comme corollaire, obtenir, d'une manière quelconque, au nom de la sureté nationale, le désarmement des puissances voisines ; et proclamer, pour doctrine *Monroë* de la démocratie européenne, la non-intervention des rois dans les affaires des peuples libres.

Racheter successivement les chemins de fer, en en consacrant, d'abord, les bénéfices à l'amortissement de cette dette.

Favoriser la fondation et le développement d'entrepôts communaux ouverts à tous les produits ; de banques du peuple, d'associations coopératives de production, de consommation, de crédit et d'échange; de caisses de retraite et de prévoyance; d'assurances mutuelles contre les risques d'incendie, d'inondation, d'épizootie, de grêle; assurances centralisées dans un conseil général élu par les associés.

Faire sortir du sol, en un mot, par l'aide, surtout, des intéressés libres de leurs mouvements, ces institutions qui, sans attacher par des liens d'argent le pays, comme sous le despotisme, au pouvoir faisant payer cher à la liberté la protection accordée aux intérêts matériels, donneraient aux classes laborieuses, dans une république, les moyens d'avoir à bon marché les objets nécessaires à la vie; d'acquérir les instruments de production; de trouver, par la seule concurrence qui n'ait que des avantages, celle des capitaux entre eux, le capital indispensable au travail, à un taux peu élevé et s'abaissant de plus en plus, jusqu'à ce qu'il fut la simple représentation du service, de l'usage.

Rendre l'instruction gratuite, obligatoire et commune; assurant par le concours aux élèves les plus capables, les moyens d'en parcourir tous les degrés, aux frais de l'état, s'il y a lieu; à côté de l'enseignement national, laisser l'enseignement laïque libre; faire donner à la jeunesse l'éducation morale par les instituteurs publics; et remettre aux familles le soin de donner à leurs enfants, l'éducation religieuse qui leur paraît la meilleure.

Effacer du mariage l'empreinte qu'y a laissé le catholicisme, en accordant aux époux la faculté de divorcer pour des causes déterminées; entourant d'ailleurs l'union de l'homme et de la femme des garanties, des solemnités qui peuvent assurer la stabilité de la famille et l'avenir des enfants.

Débarrasser la nation, de la centralisation d'origine napoléonienne, qui retire le sang des artères pour le porter en excès au cœur ; mais sans lui rendre la décentralisation monarchique, qui découperait la France en bourgs pourris, où règneraient les aristocraties de clocher.

Pour cela, supprimer l'*arrondissement* qui n'a aucune raison d'être.

Mettre à la tête des départements, rendus à peu près égaux en population, une commission départementale dont les membres, nommés et révoqués par le pouvoir exécutif, pourraient assister, avec voix consultative, aux réunions, devenues publiques, de toutes les assemblées délibérantes de leur département.

Investir cette commission d'attributions suffisantes, pour assurer la pleine et entière exécution des décrets de l'assemblée nationale et des lois d'intérêt général ; pour empêcher ou déférer à qui de droit, les illégalités administratives, les usurpations d'autorité, les conflits entre communes, et pour représenter le pouvoir central ; non pour entraver l'exercice légal des droits civiques et municipaux, ou pour s'immiscer dans les affaires d'intérêt purement local.

Rendre au conseil-général la nomination de ses présidents et secrétaires; l'appeler à prendre dans son sein un comité permanent, ayant mission de surveiller l'exécution de ses décisions, de préparer les travaux des sessions.

Faire du canton, le chef-lieu administratif et judiciaire d'un groupe de communes rapprochées par les intérêts et les distances;

Lui donner un conseil élu directement par les électeurs de tout le canton, et qui, sous la présidence d'un de ses conseillers, délibèrerait, en présence d'un membre ou d'un délégué de la commission départementale, sur les questions intéressant la circonscription; y établir le siége des institutions de crédit, des écoles professionnelles et du second degré, des assises civiles et correctionnelles.

Créer de grandes communes, n'ayant d'autres limites à leur indépendance, que l'indépendance des autres communes et les droits de la société représentée par l'état; s'administrant elles-mêmes par un conseil municipal, qui élirait le maire et ses adjoints parmi ses membres; se faisant des revenus par un impôt établi sur les bases et principes de l'impôt national; ayant la libre disposition de tous les édifices publics situés sur son territoire.

Former, par la loi, une propriété collective, s'accroissant indéfiniment pour donner du travail à tous les hommes de bonne volonté et remédier au paupérisme; en attribuant à la commune, dans toute succession collatérale, une part d'héritier équivalente à la réserve de l'enfant légitime, et intransmissible même par vente; décrétant ensuite que les biens communaux seraient inaliénables, mais donnés en usufruit aux travailleurs, chefs de familles sans autres moyens d'existence; aux seules conditions de faire valoir leur quote part par eux-mêmes, isolément ou en association suivant la nature des biens, et d'en payer l'impôt.

Arriver ainsi, en cinquante ans, peut-être, sans crises, sans léser aucun intérêt légitime ; sans décourager les efforts louables, utiles à tous, faits par le père pour transmettre à ses enfants son avoir accru de ses épargnes ; en favorisant le mariage ; à mettre les classes ouvrières en possession des terres et bâtiments, appartenant aux corporations de célibataires ; et à révolutionner la propriété, se morcelant sans cesse pour augmenter le fond commum, et qui donnerait, au profit du pays entier, par son nouveau mode d'exploitation, le maximum de production.

Équilibrer, dans les finances, les recettes et les dépenses ; diminuer constamment la dette publique, par l'amortissement et, à mesure que le taux de l'argent diminue, par la conversion des rentes ; abaisser le budget au-dessous du milliard, en parvenant, peu à-peu, (1) « à le faire osciller entre six et sept cent millions, le » vingtième des revenus de la France évalués à treize » milliards, » de manière à ce qu'il ne fût plus que le payement des services rendus.

Obtenir ce résultat, même en consacrant des sommes considérables à l'enseignement, aux institutions de prévoyance et de crédit ; par des réformes financières et économiques radicales, par la suppression des dépenses superflues, le budget des cultes, la liste civile, etc., et des branches parasites, spécialement des armées permanentes, remplacées par une armée nationale qui serait dix fois plus nombreuse que celle de l'empire, couterait dix fois moins, et n'enlèverait plus à l'agriculture, à l'industrie, aux arts, des bras, des terrains, un matériel dont

(1) Proudhon, *De la capacité des classes ouvrières.*

le produit représente, d'après un écrivain consciencieux et compétent, (1) un revenu annuel de 1,369,042,677 fr. aujourd'hui perdu ou improductivement consommé.

Proclamer en principe et assurer progressivement par les institutions, le droit à l'instruction, pour les enfants; — le droit au travail ou droit de vivre en travaillant, pour les valides; — le droit à l'assistance, pour les infirmes et les vieillards; — la liberté, pour l'individu; — la souveraineté, pour le peuple; — et, au-dessus des majorités, au-desus de tout, le droit contre lequel il n'y a pas de droit — la justice!

Ces réformes faites en tout ou en partie, il y aurait eu encore, cela est certain, des bourgeois, des propriétaires; mais ceux-ci, et j'en suis, je le confesse à mes risques et périls, n'auraient pas eu à s'en plaindre; et les théoriciens d'un nouveau droit de la force — s'il y en a — qui prétendent qu'en politique, on arrive moins directement au but par la ligne droite, que par un mouvement de bascule, faisant violemment occuper par *ceux*

(1) Boichot, représentant à l'assemblée législative, *De la révolution dans l'armée.*

En temps de guerre	armée impériale	861,800 hommes.
	armée nationale	8,085,000 »

	Dépenses :
Armée impériale, personnel.	Fr. 559,082,585
Intérêt de la valeur improductive du domaine et du matériel de guerre.	176,000,000
Intérêt de la dette publique causée par la guerre.	503,960,292
Somme correspondante à la perte du travail des soldats et marins	150,000,000

qui n'ont pas, la place de *ceux qui ont*, lesquels devenus les déshérités, recouvreraient avec la force et le droit, la position de la veille. Ceux qui croient qu'en révolution, l'application du principe : *ôte toi de là, que je m'y mette*, donne des solutions plus durables, plus efficaces, plus justes, que des institutions perfectibles, fonctionnant régulièrement, amenant graduellement, mais sans interruption, l'amélioration physique, intellectuelle et morale des classes les plus nombreuses et les plus pauvres. Les partisans des moyens empiriques seraient bien forcés, eux-mêmes, de convenir qu'il y a quelque chose de fait; que la France pourrait reprendre son rang à l'avant garde des peuples libres.

A cette heure, d'ailleurs, c'était aux générations nouvelles à prendre l'initiative et la direction du mouvement en avant.

Ayant l'instrument et le désir du mieux, elles auraient suivi des voies nouvelles, agrandies — c'est la condition du progrès — moins sombres, moins douloureuses aussi, que celles où sont tombés nos pères, les grands révolutionnaires de la grande république, dont la démocratie doit garder et défendre la mémoire contre tous, parce qu'ils l'ont affirmée, aimée, défendue, armée pour les luttes de l'avenir, comme pas un encore ne l'a fait; et parce que les principes de 89 que le présent est si fier de posséder, le droit nouveau, la semence des récoltes futures, sans le 10 août qui les déchargea du poids d'une monarchie sous laquelle ils auraient été étouffés, et sans le combat à mort contre le passé, 93, qui les enfonça dans le cœur de la France, auraient été balayés par le vent des réactions triomphantes, comme des feuilles mortes. Ainsi le furent les réformes si belles, si radicales, promulguées il y a cinq cents ans, dans un jour d'enthousiasme populaire sans lendemain, par l'illustre précurseur de la démocratie moderne Étienne Marcel.

Ces générations auraient marché pacifiquement, progressivement, à la conquête de l'idéal à peine entrevus aujourd'hui par les plus hardis penseurs, ou qui n'a, du moins, été formulé par aucun avec cette clarté, cette autorité, cette précision, qui font accepter les théories par l'esprit, longtemps même avant qu'elles ne puissent se traduire en faits; idéal que la foi en l'humanité, la science et le temps réunis peuvent seuls réaliser.

J'entends, la société de l'avenir qui donnera :

Au genre humain, la république universelle, par la fédération des peuples libres;

A chaque peuple, la république des *communes-unies* avec la législation directe; (1) en substituant l'*administration* égalitaire, qui rayonne, harmonise, met la variété dans l'unité; au *gouvernement* autoritaire, qui concentre, absorbe, uniformise tout; et en remplaçant les parlements, chambres, assemblées de représentants ou de mandataires du peuple, expression incomplète, imparfaite de la volonté générale, par de grandes assemblées populaires, faisant elles-mêmes les lois générales, et confiant l'exécution de ces lois à un conseil central de délégués, chargés de coordonner et faire respecter les

(1) La législation directe que Rittinghausen surtout a mis, par ses écrits, à l'ordre du jour de la démocratie, est en vigueur dans quelques cantons de la Suisse où est institué le jury pour les affaires correctionnelles.

décisions des majorités, de sauvegarder les droits des minorités, d'écarter les obstacles qui peuvent entraver la liberté de l'individu.

Société d'émancipation, de lumière, qui fera régner en tous lieux la même morale, la même justice et, tout à la fois, la liberté illimitée de conscience, par la séparation absolue des choses de l'humanité de celles qui sont en dehors de l'humanité; de telle sorte que l'homme en société, les peuples, se dirigent par leur loi naturelle, la loi humaine; que l'homme-individu, les associations particulières aient toutes également, le droit comme le pouvoir de professer et, dans leurs réunions privées, de manifester librement leurs croyances.

Qui affranchira la femme, par l'éducation et une conception plus philosophique que judaïque de l'égalité des sexes, de la tutelle où la retiennent les lois; lui donnant, dans la vie publique et privée, le rang que lui assignent ses aptitudes, son organisation, ses mœurs.

Qui rendra le mariage indissoluble, par la volonté seule des époux s'étant unis par amour, et restant liés par les affections et les devoirs de la famille.

Société de liberté, d'égalité, de fraternité, de justice, où, par la diffusion des lumières morales et intellectuelles, le libre échange des produits, la solidarité des droits et des devoirs, du travail et de la propriété, du citoyen et de la patrie, des peuples et de l'humanité; par la transformation du prolétariat, dernière forme de l'esclavage, en associations agricoles, ouvrières, industrielles, etc., toutes, volontaires, créant leur capital par leur travail commun, reliées entre-elles par des assurances mutuelles et des garanties réciproques; l'on ne connaîtra plus l'ignorance, la prostitution, le paupérisme, l'exploitation de l'homme par l'homme et par le capital, l'antagonisme de races, de nationalités, de classes, d'individus, d'intérêts.

Alors, la terre étant à celui qui la cultive, les instruments de production à ceux qui les mettent en œuvre, chacun travaillera selon ses forces, sera rétribué selon ses œuvres, disposera selon sa volonté, des fruits de son travail accumulé, de ses épargnes.

Alors aussi, chacun connaîtra les joies de la famille et les bonheurs du savoir; aura sa part de labeurs et de plaisirs, de jouissances et de privations, s'il pouvait y avoir des privations, alors que les arts et l'industrie auraient développé, d'une manière prodigieuse, la production de toutes les choses nécessaires à la vie, devenues accessibles à tous; vivra complètement de la vie du corps, de la vie du cœur, de la vie de la pensée; et, intéressé au bonheur de tous, deviendra meilleur et aussi heureux qu'on peut l'être sur la terre.

En ces temps là, encore, l'homme, si ses désirs sont inassouvis, ses espérances trompées, aura toujours ouvert devant lui, pour s'y réfugier, l'infini vers lequel le porteront, sur les ailes de la pensée que rien ne saurait enchaîner au réel, sa raison, son sentiment ou sa foi; savants, philosophes, révélateurs, devant être toujours également impuissants — on doit le croire — à déchirer les derniers voiles qui recouvrent le mystère de la destinée future des êtres, à démontrer l'absolu.

Le programme de 1851, avec les modifications que l'expérience ou des travaux récents demanderaient, et quelques additions nécessaires pour *liquider* la succession de l'empire, serait celui que beaucoup de républicains, arriérés, il est vrai, autant que moi, présenteraient, à la veille d'un combat électoral sérieux, comme l'expression de leur opinion actuelle; comme celui qu'ils voudraient voir les futurs mandataires du peuple prendre l'engagement de soutenir et de faire triompher, lorsqu'ils en auraient le pouvoir, à une assemblée nationale.

C'était le moment, pour nos adversaires, de développer leurs théories démocratico impérialistes; d'exposer dans toute leur splendeur, les idées napoléoniennes; de dévoiler l'avenir glorieux que le césarisme moderne promet à la France et au monde.

Ce que vous auriez appris, là-dessus, vous Monsieur, et la fraction à laquelle vous appartenez, on le sait par vos écrits et les leurs; ce que rêvent tout bas, parfois tout haut, les avancés du parti; et ce que ses hommes d'état essayent de faire croire à la nation dite la plus spirituelle de la terre, quelques orateurs l'auraient, sans doute, alors révélé publiquement. Sans être dans le secret des dieux, je puis supposer que ces bonapartistes pur sang, se seraient exprimés, à peu près, en ces termes :

Nous, aussi, nous voulons, nous promettons la cessation des discordes civiles et des luttes étrangères, la concorde générale, l'égalité devant notre loi, une sage liberté; et, autant que les républicains, nous désirons que la France ne retombe pas en monarchie: car l'*empire c'est la paix*, — le maître l'a dit; — c'est la démocratie. Depuis Ste-Hélène, tout Bonaparte tombé du trône, ou aspirant à y monter, l'a déclaré bien haut et l'a écrit.

Nous ferons encore, il est vrai, des guerres de voisiuage et des expéditions lointaines, qui couteront beaucoup d'hommes et beaucoup d'argent ; qu'importe?

Ce sera toujours pour une idée, dans l'intérêt de tous.

La France est assez riche pour payer sa gloire, et a besoin d'être saignée à blanc, de temps à autres, pour ne pas tomber dans un de ces accès de colère qui, lorsqu'elle est trop vigoureuse, lui font broyer ses gouvernements les plus forts.

Il faut aussi gorger de grades, de croix, de traitements, les prétoriens qui ont fait le trône, le soutiennent et peuvent le briser pour en vendre les morceaux au plus offrant.

D'ailleurs, les traités de 1815, dont personne ne veut plus, ne sont pas déchirés ; on les a un peu écornés, pour mettre des empereurs ou des rois nouveaux à la place des anciens rois, et, pour dénationaliser quelques milliers de Savoyards et de Danois ; c'est quelque chose, ce n'est pas assez !

Il existe dans le monde, des nations libres et des républiques, qui empêchent les empereurs et les rois absolus, de former leur sainte-alliance : celles de l'Europe, puisqu'on ne peut toucher aux états républicains de l'Amérique, sans se brûler les doigts, doivent disparaître de la carte, et être partagées entre leurs puissants voisins ; l'empire entend que la France, dans l'intérêt de l'équilibre européen, ait pour sa portion la Belgique, la Suisse Fançaise, Gènes, les frontières du Rhin, et que la Méditerranée soit un lac français ; en attendant que, par la grâce de Dieu et des Napoléons, Paris devienne la capitale de la monarchie universelle.

Pour l'intérieur, dès-à-présent, vous avez des libertés

de toutes couleurs, à n'en savoir que faire. Liberté de la boucherie et liberté de la boulangerie, comme en Belgique; ce qui permet aux prolétaires, forcés de faire maigre toute l'année, de manger à volonté de la vache enragée, et de se nourrir de brioches quand il n'y a pas de pain sur la planche: Liberté des théâtres, comme dans la Grèce antique; ce qui donne aux oisifs le plaisir d'admirer, sur toutes les scènes, les poses plastiques de leurs Phrynés de pacotille costumées en Vénus callipyges, et d'applaudir la littérature également décolletée et béotienne des auteurs de cour: Liberté de coalition et liberté d'échange, comme en Angleterre; l'une, votée avec tant d'empressement, grâce à l'éloquence du jeune Olivier, par le corps législatif qu'on accuse de ne rien faire; l'autre, octroyée par le bon plaisir de notre empereur, alors que nul ne s'y attendait.

Vainement les adversaires systématiques de l'ordre de choses actuel, osent prétendre que lorsque, par la différence des conditions du travail, des moyens de transport, du taux des salaires, du loyer des capitaux, de la rente et du produit de la terre, du prix de revient, etc., tout varie d'une nation à l'autre; quand c'est le monopole, la spéculation, l'accaparement qui règlent ou dénaturent la loi de l'*offre* et de la *demande :* la nécessité de vivre, qui contraint les classes ouvrières à accepter les conditions qui leur sont faites par les possesseurs du capital; quand, par conséquent, l'égalité n'existe ni entre les producteurs d'un pays et ceux d'un autre, ni entre les patrons et les ouvriers; alors, ces libertés ne sont qu'un mensonge : la concurrence anarchique produite par elles, est une nouvelle source de misère pour ceux qui sont nus, désarmés ; la victoire, sur les champs de bataille de l'industrie comme sur tous les autres, reste aux gros bataillons.

Personne ne les croit, ne les écoute : ce sont les Épiménides de la science, des socialistes endurcis !

L'industrie, disent encore d'autres frondeurs, est obligée, pour soutenir une lutte ruineuse, de diminuer les salaires, ou de remplacer l'homme par la machine, souvent de falsifier ses produits : tout se paye aussi cher, au moins, que par le passé et est moins bon ; les grèves et les faillites se succèdent plus nombreuses que jamais ; les ouvriers ont gagné le droit de mourir de faim, en se croisant les bras et ne soufflant mot ; les petites industries sont libres de fermer leurs boutiques, écrasées par les immenses magasins de la commandite ; les loyers haussent à mesure que les matières premières baissent ; l'agriculture manque de bras lorsque l'industrie en regorge, et ne retire plus un prix rémunérateur de ses denrées alimentaires ; le pain renchérit quand le blé diminue ; c'est possible ! Nous nous en lavons les mains, — *de minimis non curat pretor*. — Vive la liberté !

Avec quelle supériorité, d'ailleurs, nous pouvons réduire au silence nos adversaires : les douanes, qui gagnent sur la quantité ce qu'elles perdent sur la qualité, témoignent bruyament que le commerce international prend un développement de plus en plus considérable ;

Les statisticiens officiels alignent de formidables colonnes de chiffres, pour prouver que la balance de ce commerce est en faveur du gouvernement qui les paye ; les économistes du *laissez faire, du laissez passer* crient : gloire au très-haut, au très-grand Napoléon ; et l'Angleterre ayant, depuis que l'intérêt de la dynastie l'exige, cessé d'être la perfide Albion comme aux jours du blocus continental, accable l'intime alliée de marchandises et d'éloges; cela répond à tout, et nous pouvons monter au Capitole.

Dès à présent, la France entre, à pleine vapeur, dans une nouvelle ère de grandeurs et de prospérités qui ne feront que croître et embellir.

Après avoir fait généreusement cadeau des capitaux dont son agriculture aurait si bien tiré parti, aux entrepreneurs besoigneux de tous les chemins de fer du monde; elle a déjà fait assez d'économies pour prêter, à fonds perdus, au Mexique, à l'Espagne, à l'Autriche, au Maroc, au Grand-Turc, à toutes les nations amies ou ennemies, mais insolvables, tout ce que celles-ci demandaient; et elle se dispose à donner, avec un nouveau plaisir, les centaines de millions que son gouvernement va lui emprunter pour les travaux de la paix.

Bientôt, aussi, elle aura la gloire de présenter la première, au monde, un budget monstre de trois milliards!

La politique est à la hauteur des finances et grandit avec elles.

Tous les ans, le peuple français a droit, gratuitement, pendant une quinzaine de jours, à une représentation extraordinaire, donnée sur le théâtre du palais Bourbon, en l'honneur du discours du trône, par le corps législatif en grande tenue.

Dans le tournoi à armes émoussées, où les partis fond de si brillantes charges, échangent de si beaux coups de lances, les hommes-liges, les chevaliers de l'empereur, constament vainqueurs, déploient une telle éloquence, dominent si bien les débats, que tous, quoi qu'ils disent, qu'ils s'appellent Billault, Morny, Baroche, Rouher, de la Roquette, sont, de leur vivant, proclamés des Mirabeaux ou de grands hommes d'état, par la presse même de l'opposition ; et qu'après leur mort, les populations reconnaissantes leur élèvent des statues.

De plus, à l'ouverture de chaque session, ou lorsqu'il est utile de distraire le pays, d'occuper l'opinion publique, le maître fait annoncer officieusement par sa presse, prend, au besoin, quelques-unes de ces mesures diplomatiques, économiques, politiques, financières, qui fournissent, au public, le plaisir de plumer des canards de toutes les espèces ou de ronger l'os qu'on lui jette ; aux journaux, l'occasion de servir aux lecteurs des tartines de haut gout, et de remplir leurs colonnes de dithyrambes sans fin ; au pouvoir, le prétexte de passer, par un saut de tremplin, d'un coup de tête à une reculade ; de grouper les chiffres de façon à faire prendre des déficits pour des excédants ; de changer les noms sans changer les choses ou ôter aux uns pour donner aux autres : de gréler sur le persil, dans les domaines ministériels, et de couper les grands arbres des jardins publics, les forêts de l'état, pour chauffer la cuisine gouvernementale et faire des feux de joie aux fêtes impériales ; d'opérer la réduction de l'armée, et de doubler les appointements des mameluks, faire largesse aux cousins, aux courtisans, aux fidèles, distribuer de somptueux cadeaux de noce à toutes les favorites de la cour ; de faire des économies de *payeurs* et autres bouts de chandelles du budget, et de dépenser des milliards pour *Haussmaniser* Paris ; couvrir la France d'églises et de casernes, et entretenir les soldats du pape et du Maximilien (1), tant qu'il plaira à l'Italie de subir, aux États-Unis de tolérer l'occupation insolente ou déguisée de l'étranger.

Que vous faut-il de plus? Que voulez-vous encore? La liberté politique, peut-être! Vous l'aurez, quand devenus sages, vous ne voudrez en user que pour faire la volonté de vos maîtres; et lorsque la fraternité règnera entre les blancs et les bleus, les rouges et les noirs, fondus tous dans la couleur napoléonienne.

Ce sera dans le lointain des âges, le *couronnement de l'édifice* qui s'élève, au milieu de l'Europe, comme une pyramide colossale, ayant pour assises des classes inégales, superposées et s'étageant ainsi: «à la base, trente un millions de prolétaires, au-dessus, les uns sur les autres, 4,150,000 propriétaires pauvres ou nécessiteux, 980,000 propriétaires aisés, riches ou opulents, 600,000 soldats, 500,000 fonctionnaires, 200,000 prêtres ou religieux, 466 gouvernants (ministres, sénateurs, députés); au sommet, un seul homme, l'empereur: pyramide (2), ou l'échelle du revenu que chacun retire du budget, de la rente ou du travail est ainsi graduée:

Par jour:

«Empereur	fr.	16,438 00
Maréchal de France	»	500 00
Ministre	»	410 00
Receveur-général	»	274 00

(1) L'expédition du Mexique jusqu'à ce jour a coûté 500 millions.

L'occupation de Rome depuis 1849, 200 millions.

(2) Liste civile de Louis Napoléon comparée avec celle de Louis-Philippe et les revenus du peuple.

Archevêque de Paris	»	274	00
Archevêque de province	»	110	00
Sénateur	»	80	00
Premier président et procureur-général de cours souveraines à Paris.	»	80	00
Évêque	»	65	00
Préfet	»	65	00
Premier président et procureur-général de département	»	40	00
Député au corps-législatif	»	40	00
Juge	»	9	00
Curé de campagne	»	8	00
Ouvrier de la ville	»	3	00
Travailleur de la campagne.	»	2	50
Instituteur	»	2	00
Garde champêtre	»	1	00
Ouvrière de la campagne	»		50
Ouvrière de la ville, dernière catégorie »	»		40

Ainsi, tout est pour le mieux dans le meilleur des empires possibles ; et, au nom du droit divin, du droit des satisfaits, quiconque est avec nous doit déclarer parfaite, une société où les uns ont tous les loisirs, tous les pouvoirs, toutes les jouissances ; les autres, tous les labeurs, toutes les servitudes, toutes les privations, et dans laquelle, au banquet de la vie, ont à consacrer pour leur repas (1) de chaque jour :

«Le mendiant.		fr.	00
L'ouvrière des dernières classes.	12 à	»	25
Le paysan		»	35

(1) Liste civile de Louis-Napoléon.

L'ouvrier	»	50
Le bourgeois.	»	1 50
Le grand propriétaire, le banquier, 30 à	»	80 00
Le ministre	»	100 00

et MILLE francs, l'empereur, qui mange en un jour, à lui seul, autant que 4,666 ouvrières de la fabrique de Lyon, et dévore, en un an, le gain de deux millions de ces ouvrières. »

Alors, la lumière était faite; les plus incrédules étaient forcés de convenir que Napoléon III était l'homme providentiel, suscité par le bon dieu en personne, pour sauver la société en danger. Il ne restait plus qu'à prêcher la guerre sainte contre les nouveaux barbares, qui veulent, sur les débris de la pyramide impériale, asseoir le trône de la justice; et si vous, monsieur, vous aviez demandé à être un des chefs de la croisade, vous auriez été, dans la Haute-Loire, acclamé et porté en triomphe, aux cris mille fois répétés de *vive Napoléon III* et son auguste famille, vive Montpeyroux premier.

Malheureusement, les clubs, dont le nom seul est un épouvantail pour les contre-révolutionnaires, n'existent plus; ils ont été fermés, alors que de l'Élysée et de la rue de Poitier, ligués ensemble, la réaction débordait sur la France.

Ils sont tombés avec les arbres de la liberté, plantés dans les villes et dans les campagnes, au milieu de l'enthousiasme général, avec les institutions républicaines données par février. Pour voir des meetings démocratiques, des réunions électorales libres, des assemblées populaires, il faut aller là où les citoyens ont des droits, garantis par une constitution à laquelle le gouvernement, au moins, est tenu d'obéir; en Amérique, en Suisse, en Angleterre, en Belgique, en Italie.

Pour votre seule instruction politique, vous ne voudrez probablement pas, monsieur, aller habiter ces contrées, où la tempête de décembre a jeté cinquante mille proscrits ; et le jour où reverdiront, dans notre chère France, les arbres de liberté et les institutions républicaines, n'est pas encore venu, eh, bien ! faites comme nous : prenez patience, vous le reverrez.

Maintenant ; libre à vous, qui êtes venu me chercher dans la retraite que je m'étais faites, loin de votre jeunesse, de votre empire, de votre monde, de continuer votre polémique, je ne vous répondrai plus.

Si j'ai publié cette réponse, qui ne pourra pas circuler, ni même, peut-être, pénétrer en France — tant est grande la liberté dont on y jouit — ce n'est pas dans le but de relever des attaques qui ne sont pas nouvelles, et auxquelles je n'opposerai jamais que le dédain ; c'est pour faire connaître à mes concitoyens ce qu'il leur importe, en ce moment, de savoir ; ce que je n'avais pu leur dire jusqu'à ce jour.

Fier d'avoir été envoyé par eux à l'assemblée législative, avec mes amis Jules et Francisque Maigne frappés, plus tard, par la déportation et l'exil ; d'avoir été proscrit avec la liberté ; je resterai fidèle, jusqu'à la fin, aux principes qui ont dirigé toute ma vie ; et toujours je protesterai, quand, où, comme je le pourrai, contre les attentats à la souveraineté d'un peuple ou à l'indépendance d'une nation, et contre le despotisme d'un seul ou d'une assemblée ; ainsi que je l'ai fait le 13 juin, aux Arts-et-Métiers, à l'assemblée nationale et dans les rues de Paris, le 2 décembre, avec la Montagne qui, fidèle à son mandat, à ses engagements, à ses devoirs, a, alors, demandé la mise en accusation des violateurs de la constitution, et appelé le peuple aux armes pour la défense de la république.

Plein de foi en l'avenir, non-seulement parce que je vois le cycle historique pendant lequel la France révolutionnaire sommeille, toucher à son terme; mais parce que je sais qu'en vertu du mouvement régulier de l'esprit humain, de la loi du progrès, l'avènement de la démocratie est certain, prochain; je laisse passer les mauvais jours, et j'attends! heureux, si je puis encore prendre part, dans la mesure de mes forces, aux luttes du présent, et porter une pierre à ce temple de l'avenir, dont 89, 93, 1830, 1848, ont posé dans la France, dans la société moderne, les bases inébranlables, et qu'élèvent, avec une égale ardeur, les républicains démocrates et socialistes de toutes les nations, qui se sont dévoués sans réserves au triomphe de la liberté, du droit, de la justice; sachant, comme l'a dit un célèbre conventionnel, que « ceux qui font des révolutions dans le monde, ceux qui veulent faire le bien, ne doivent dormir que dans le tombeau.

ERRATA.

A la page 23 au lieu de : que *rouvre*, lisez : que *couvre*.

A la page 46 (dotation) du sénat	7,000,000,	lisez :	6,000,000
du corps législatif	4,500,000,		3,000,000

de Paris le 2 décembre avec la Montagne qui, fidèle à son mandat, à ses engagements, à ses devoirs, a, alors, demandé la mise en accusation des violateurs de la constitution, et appelé le peuple aux armes pour la défense de la république.

Plein de foi en l'avenir, non seulement parce que je vois le cycle historique pendant lequel la France révolutionnaire sommeille toucher à son terme, mais parce que je sais qu'en vertu du mouvement régulier de l'esprit humain, de la loi du progrès, l'avénement de la démocratie est certain, inévitable, je laisse passer les mauvais jours, et j'attends l'heure, si je puis encore reprendre

[illegible]

www.ingramcontent.com/pod-product-compliance
Lightning Source LLC
LaVergne TN
LVHW010035230826
846091LV00005B/1713

9782012464223